课堂教学转型丛书

丛书主编 杨四耕

眭定忠◎主编

寻找课堂教学的文化基因

华东师范大学出版社

课堂是一种态度，与知识无关

　　我一直以为，教育分两种，一是关涉幸福的教育，二是无关幸福的教育。当我们的父母被问道：你们对孩子有什么愿望吗？父母们经常会回答：我们希望孩子幸福。然而，在现实生活中，幸福却很少作为教育目的来实践。

　　幸福之外无教育。很多时候，我们做了许多与幸福无关的事情，回过头来看，似乎没有必要。教育就其本性来说，就是帮助孩子们充分发展幸福能力。当然，幸福不是简单的快乐，而是恒久的心灵能量。心情，是一种感性状态；而心灵，则是一种精神内存，必要的时候可以自然绽放。弗洛伊德建议我们谨记：把幸福理解为快乐必定是插曲式的，没有永恒的高潮。因此，我们似乎可以说：心灵比心情更重要。

　　尽管课程改革持续推进了十多年，但我们的课堂教学似乎"风景依旧"。有人敏锐地指出今天的课堂教学三大问题：一是大量的机械训练仍普遍存在，日益侵蚀着人的创造性；二是不关心知识的来龙去脉与相互联系，这使我们丧失了复杂情境下思维灵活性的基础；三是不珍惜新知识带来的新情境，这使我们一次又一次丢失了独立思考和探究新问题的绝好机会。（余慧娟：《教学改革的方向性思考》，《人民教育》2011 年第 1 期）的确，我们的课堂教学潜隐着巨大的危机——被学习，被作业，被探究，被合作，被自主，被活动，被评价，被生活……如此，你们说，孩子们能幸福吗？你们说，学校能培养出杰出人才吗？你们说，我们有美好的未来吗？

　　让一个人有尊严地、自由地生长，理应成为课堂教学改革的期许。我们必须明白，

任何空洞、抽象的教学理念和主张,或是粗浅、简单的教学模式和方法都不能根本性地
改变我们的课堂教学。课堂教学改革无论采取何种途径和方式,最终都必须回到"教
育即解放"这一原点上来。为此,我们需要认真思考"学习知识与激发想象"、"讲授道
理与发展理性"、"理解规范与鼓励崇高"、"掌握技艺与丰富经历"、"强化记忆与温暖心
灵"、"发展智能与强健身心"、"预知未来与点亮人生"之间的内在逻辑,深度理解其中
的转化机理,并以此来把握课堂教学转型的价值取向。

培根说:知识就是力量。我以为,这话只说对了一半。今天的课堂教学过于强调
"知识之教",而忽视了"思想之教";过于追求"结果之教",而轻视了"过程之教";过于
注重"有用之教",而忽略了"无用之教",不懂得"无用之用方为大用"之道。十八世纪
法国最伟大的启蒙思想家卢梭曾提出,儿童教育最重要的原则就是要浪费时间。儿童
需要做梦、需要犯傻,需要慢慢地长大,很多时候我们不能急功近利。这种看上去的
"浪费",为儿童赢得了成长的时空。那种"不要输在起跑线上"、恨不得把每一分钟都
利用起来的做法,实际上是惊扰了孩子们的梦,其本质是浮躁。我以为,对孩子们的成
长来说,见识比知识更重要,思想着比思想更有价值。从根本上看,见识是人的存在方
式,思想着是人的精神常态。只有让孩子们"思想着",才能让他们成为"思想者",才有
可能让他们成为"思想家"!

荷尔德林曾经说过:"人,诗意地栖居在大地上。"这句话可以表征为教育的一种
至纯追求。课堂教学转型就其方向而言,应把"人"放在中央,给人一种享受,一种共
鸣,一种启迪。都说,一个人没有知识是可怕的,但更可怕的恐怕是一个人被知识武装
得坚不可摧!当我们的教师满怀一颗诗意的心走进教室,用真善美去感召孩子们的时
候,课堂教学就不再是简单的传递、机械的授受,而是情感的孕育、智慧的生成、生命的
享受,让我们彼此的心跳、心灵的舞动有着共同的节律……

在特定意义上,课堂是一种态度,与知识无关。今天的课堂教学改革,在理论上需
要确定从"教学认识论"到"教学诠释学"的思维转向,并由此带动实践的转型。课堂教
学不仅仅需要关注教学各个环节的"设计",更需要关注教学大格局的"策划"。这样,

我们才能"把课堂打造成梦的样子"；这样，我们才能"上一堂灵魂渗着香的课"；这样，我们才能让"每一间教室都有梦"，让孩子们内心充满希望；这样，课堂才能"春暖花开"，实现从"学习知识"到"丰富经历"的华丽转身；这样，我们的课堂才会"触及灵魂"，充满"磁性"；这样，我们才有可能"突破平面学习"的局限，把课堂"翻转"过来，实现"在这里自由呼吸"的追求；这样，我们才有可能寻找到"课堂教学的文化基因"，让"课堂，静待花开"；这样，我们的课堂才有"聚餐的味道"，才会是"思想的盛宴，别样的课堂"；这样，我们才能"让思维生长出来"，让"每一种意见都很重要"……总之，课堂确实是一种态度，与幸福关联。

课堂教学转型丛书传播的是民间的声音。因为工作关系，我与国内一批学校进行过多方面的合作研究。这些学校办学卓有成效，他们对我而言，是一种营养，是一种财富。这些年，我们一起走过，我们的智慧碰撞与思想启迪，是草根的，但越是草根的，才越彰显出生长之本性！感谢这些学校的校长和老师，是你们让我觉得一路不孤单！

感谢华东师范大学出版社领导和编辑对我们的研究成果的关注，虽然我们的研究只是一些很感性的东西，但关注是一种分享，一种纪念，一种安慰，对我们来说，弥足珍贵！

亲爱的读者，我们期盼您提出宝贵的意见和建议，我们的邮箱是 pujiaosuo@163.com，欢迎您的来信！

杨四耕

2015 年 6 月 1 日于上海静竹轩

目 录

　　所谓"言意共生",就是"言"和"意"相互影响的"胶着"状态。据言得意和由言表意的转换与融合体现了语文教学的特质。在阅读中吸纳,在写作中倾吐;在阅读中理解"言"、领悟"意",在写作中生成"言"、提升"意"。由此,让学生言意兼得,语文素养便得以提升。

　　在语文教学中,恰当、充分的读,是教师引领学生走进文本世界、触摸语言文字心跳、品悟语言文字味道、挖掘语言文字内涵的过程。在与文本的一次次对话中,学生的言语智慧和精神人格会得到不断的提升和完整。"悟意、会情、入情、动心","其言皆若出于吾之口,其意皆若出于吾之心",这就是"读悟语文"的精髓。

第03章　让孩子们心灵飞扬　　　　　　　26

以"生存、生活、生命和生趣"为特征的"4S"教学,它既是"生命灵动、相互依存、协同合作、多样而开放"的教育生态,又是一种以学生为主体、以人的个性发展为第一任务的教学情境,也是一种珍视"独立之精神、自由之思想"的教育氛围,更是师生点燃灵感、激发创新、集聚智慧的平台。

第04章　与课堂有一个美丽的邂逅　　　　　　36

"磁性化学"就是要让学生感受到鲜活的化学、有趣的化学、易学的化学、有用的化学。让学生发现化学看似遥不可及,其实它近在咫尺,就在我们身边,隐藏在日常的生活中。带领学生在生活中感受化学的"近"、"宽"、"亲"、"动"、"萌",让孩子们与化学有一个美丽的邂逅！

第05章 让每一个孩子释放天性　　　　　　　　　　50

体育教学是一门艺术，它在锻炼身体的基础上，美化了自身，实现了身体美与精神美的有机结合。让体育课的内容丰富多彩，将形式多样的锻炼项目组合，配合以动感的音乐，让孩子们更好地融入课堂，让学生觉得体育课不枯燥。一句话，体育是一种享受，是一种以情感教学为导向的教学智慧。

第06章 让语言教学"萌萌的"　　　　　　　　　　　57

"萌"英语的教学理念旨在将能调动起学生各种感官体验的多媒体技术、形式丰富的教学活动以及热情多彩的西方文化融为一体，营造出一个"萌萌的"英语学习氛围,让学生在多样且充满乐趣的情境中自然习得语言,从而提升学生的学习品质。

第 07 章　让课堂变得感性、鲜活　　　　　　　　　　67

单向度的课堂教学不利于学生成长,打造立体化的课堂是课堂转型的一个方向。立体化的课堂不仅仅关注知识目标的达成,它更在意过程的经历与方法的指导。围绕过程的经历与方法的指导,立体化的课堂着眼学生自己构建知识,自己享受学习的过程,自己感悟方法的价值。

第 08 章　让课堂绽放迷人的色彩　　　　　　　　　　78

精彩化学是一个教学主张。教师运用智慧和想象,通过引入、实验、语言、多媒体、化学史和生活常识等精彩的教学艺术激起学生的学习热情,激发学生的创造性,让课堂教学充满活力,让学生更加鲜活地体会化学的魅力,这便是"精彩化学"的旨趣。

第09章　在穿越中寻找已知与发现未知

展开浩瀚的历史画卷,迎面袭来的是波涛汹涌、气势磅礴的大历史。课堂教学借助多种媒体方式和丰富的资料再现历史,让历史变得丰满而生动,让史书中毫无生机的文字变成活灵活现的头脑映像。徜徉在历史长河中,在寻找已知中发现未知,在深谙过去后营造未来,在品学历史中追求卓越。

第10章　丰富孩子成长的文化底色

如果生活是泉源,语文就是溪水,泉源丰盈而不枯竭,溪水自然泼泼洒洒流向远方。语文是生活,它的根在生活里;去生活中寻求养分,是语文教学的智慧。紧密联系现实生活,激发学生作为生活主体参与语文学习的强烈愿望,应该成为语文教学的文化底色。

第11章　让孩子们全身心地投入学习 　　　　　　　　　　　111

I-English,意即"爱英语"。作为一个教学主张,I-English 旨在通过听英文歌曲、看原版电影、听英语广播、读英文原版小故事等多种途径,让学生对英语学习产生浓厚的兴趣,继而在英语学习方面形成自己的方法,寓教于乐,逐步建立 I-Listening, I-Speaking, I-Reading, I-Writing 的有效学习策略。

第12章　让孩子们沉浸在课堂里 　　　　　　　　　　　121

提到"快乐体育",往往会给人一种感觉,那就是要让学生愉快。而让学生受到挫折和困难,就不是"快乐体育"。其实,这是一种误解。把学生培养成吃苦耐劳、能经受艰难的磨练、能战胜自我的人,也是体育教学的应有之义。能让孩子们在快乐中接受体育,一辈子爱上体育,这便是体育教学的终极目标。

第13章　用语言感受真善美的世界　　　　128

唯美是对纯净、美好的事物展开追求和渴望的一种内心愿望,"唯美语文"是在语文教学中凭借着有情有趣的文本构建唯美的课堂。语文教师通过充分挖掘文本情愫,以情感人,通过感情朗读、语言文字训练、思维训练和言语实践,让学生感受形象美,品味语言美,唤起情趣美,塑造心灵美,最终让学生感受到唯美的情怀。

第14章　让孩子们沉浸在浓浓的学习氛围中　　　　140

课堂的"趣"是一种外在的表现,它表现在教师根据教学内容选择新颖有趣的教学方法,通过生动有趣的语言,努力让学生沉浸在浓浓的学习氛围中。课堂的"味"是一种内在的气质,它是教师在课堂中让孩子们领悟知识、给学生带来心灵的丰富和精神的振奋的过程。"趣"、"味"的合体,便是"趣味英语"的核心涵义了!

后记

课堂，一种文化存在

在这个喧嚣的时代，在越来越匆忙的脚步与飘浮的声音中，我们就像一个个高速旋转的陀螺，被裹挟在时代的车轮中。"翻转课堂"、"创客教育"、"泛在学习"，教育口号林立、概念丛生。教育的"壁垒"似乎即将攻破，仁人志士似乎都在担心着学校和教师存在的价值。一直坚守在学校一线的教师们内心和思想都开始变得模糊，陷入了一个从未遇见过的怪圈，不知该何去何从！一边是曾经理想中的课堂被消融在单调重复的现实之中，另一边是我们必须面对信息时代的大数据洪流，思考未来的课堂应该是怎样的一种存在。

任何改变都是对现实不满的结果，任何发展也一定得契合人们对美好生活的向往。于是，我们从了解教师的需求开始……

毫无疑问，教师是构建新型课堂文化的关键。为了解教师的真实想法，学校设计了一份"教师个人三年发展计划"。统计显示，39％的教师三年内有职称晋升目标，37％的教师希望成为区级骨干，54％的教师希望能开校公开课，73％的教师希望能开市、区公开课，71％的教师希望能参加课题研究，78％的教师希望能发表市、区级论文。教师强烈的发展需求是学校课堂文化变革的基础，也蕴涵着教学改革成功的可能。

其实，学校文化可以从课堂里发现。一所学校的课堂文化的性格或特征，反映了学校的文化品质、办学层次。无论时代如何发展，教育的本源和规律依然存在，人的认知和发展规律是不变的。课堂，仍旧是传承人类文明与文化的重要场所。作为一校之长，在现实的纷繁复杂中尤其要保持冷静的头脑，把构建新型的课堂文化作为引领教师成长、学校发展工作的重中之重。

改变学校当从改变课堂、发展教师开始！为此，自2013年开始学校启动了"说出我的教学主张"项目，一批沉闷已久的教师进行了为期三年的"草根式"的课堂教学行动研究……

对传统的课堂进行文化透视，我们不难发现在传统的课堂中教师的权威至高无上。课堂以教师为中心，以知识为逻辑结构展开。在这种课堂上，学生只是一个接受知识的"容器"，有种比较形象的表达叫做"一言堂"或者"填鸭式"。在这样的课堂上，教师成为"麦霸"，传授课本知识成了"教"和"学"的中心甚至是唯一任务，老师完全掌控着课堂的话语权。在这样的课堂文化中，突出体现的是从教师到学生的单向传递活动，学生的潜在意识很难被激发，创新意识和实践能力的培养更无从说起。这无疑是一种失去生命活力的僵化的课堂文化！

同时，传统的课堂缺少情感互动，没有生命的活力。一个鲜活的孩子，刚进学校时充满着对未知世界的好奇。然而，随着年级不断升高，举手回答问题的人越来越少，对学习的兴趣越来越低。其中的原因错综复杂，但一定与我们的课堂生态有关。当课堂教学一旦囿于应试的"笼子"，教学便变得无趣了，"教"与"学"的关系往往变成了简单的知识传授，学科的价值和生命的意义得不到彰显，教师不断重复简单的"教"，学生也只能是机械被动地"记"。在这样的课堂，灵感不会闪现，知识是唯一主线，分数是唯一追求。在这样的课堂，教师的激情逐步消失，学生的活力与灵性消失殆尽。

那么，学校存在的价值是什么？我们存在的价值又是什么？我们甘心过着这样平庸、索然无味的专业生活吗？

于是，我们开始了对新型课堂文化的价值追寻……

虽然，随着信息时代的到来，课堂教学可能被"翻转"，技术将从根本上使"教"与

"学"的方式产生"颠覆性"变化，但我们认为，无论教学形式如何变革，文化应该是课堂的养分和内核，离开文化，课堂将成为无源之水、无本之木。文化应该是人之所以为"人"的"经脉"和"血肉"，没有文化做支撑，我们所培养出来的只能是由知识堆砌起来的没有温情的"冷血动物"。良好的课堂文化，应该存在于充满激情、智慧与理性的课堂，它萦绕于课堂之内，贯通于师生之间，伴随着学生的生命成长。良好的课堂文化应该充满着师生互相启迪的生命智慧，洋溢着师生生命与生命撞击的智慧火花，流淌在师生每一次互动的会心微笑之中。

观念决定着行为，有什么样的教育观念就会产生什么样的教育行为。构建良好的课堂文化之关键在教师。在课堂活动中，教师是主导者、是思维活动的引领者，拥有着绝对话语权、控制权。教师的文化底蕴、教育追求和教育智慧影响着学生对人类积累的精神财富的分享程度，决定着学生在课堂上个体的充分发展，也影响着课堂文化的走向。教师的人生观、价值观、世界观，直接影响着学生对事物的思考方法、对外部世界的客观认识。

有文化意义的课堂，一定是充满生命激情、生命动感的课堂。生命化课堂的实质是凸现学生的主体地位，尊重学生的生命价值，发挥学生的主动性，赋予课堂教学以生命的意义，用叶澜教授的话说，就是"让课堂充满生命的活力"。有文化品格的课堂，一定充满着智慧的光芒，教师有着自己的独立人格和教学主张，学生生命的独特性得到尊重，个性得到彰显，灵魂获得安放。有文化品格的课堂，教师不但传道、授业、解惑，还会让学生的精神插上自由的翅膀，尽情地在知识的世界里翱翔！

于是，我们尝试提炼自己的"教学主张"，构建一种新型课堂文化。

课堂教学改革的过程是一个课堂文化变迁的过程。无论教育技术如何发展，课堂教学的表现形式如何变化，我们认为课堂一定存在着某种文化基因，它摒弃外在，指向于教育本源。不管我们是否意识到，教师和学生都在相互协调，进行着某种"文化适应"。在重构课堂文化的过程中，我们无力、也无意提供一种固定统一的课堂文化模式，只是希望通过对课堂文化的描绘，唤起教师的课堂文化意识，从文化的高度、从课堂文化的角度来重新审视自己的课堂,以自己独特的眼光,构建起适合新形势的课堂文化。

学校鼓励教师参与区重点课题"'责任教育'的精细设计与深度推进研究"。根据"连续的事件＋系统的思考＝内在的成长"之专业成长特征,学校设计了"说出我的教学主张"校本研修项目,以"只有善于分享,才能习得更多"为研修理念,遵从"系统规划、精细设计、多端切入、循序渐进"的路径,设计了"三个阶段八个环节",即"提炼教学主张、实践教学主张和分享教学主张"三个阶段,"阅读体悟教学主张、尝试提炼教学主张、教学设计教学主张、课堂实践教学主张、模式建构教学主张、课程说明教学主张、循环实践教学主张、总结分享教学主张"八个环节,鼓励教师提炼、丰富、探索教学主张,提高教师的专业自觉意识,做到100％的教师能提出自己的教学主张,70％的教师会提炼自己的教学主张,50％的教师能实践自己的教学主张,30％的教师有自己的教学主张成果。

第一阶段是一种海绵式的研究。教师从教学实际、教学愿景出发,直面教学上的真问题,大量地阅读、学习。第二阶段通过与专家或者同伴的面对面交流,根据第一阶段的学习,初步提炼自己的教学主张,是一种淘金式的研究。第三阶段教师们将自己初步提炼出的教学主张落实到教学中,在教学实践中构建一种新型的课堂文化。

每位参与"说出教学主张"实践活动的教师都经历了十万余字的文献学习,一万余字的写作,两次专题讲座,五次专家一对一的指导,十九次推进会议,三次主题活动,无数次的研究实践。目前,所有教师都有了一句属于自己的"教学主张",有人是"读悟语文",有人是"磁性化学",你可以让学生享受"快乐体育",我可以呈现一节"立体美术"。在近20位核心研究组成员中,首批15位教师已经完成"提炼教学主张",14位教师撰写了关于教学主张的论文,12位教师开始着手进行教学建模。一种新型课堂文化就在这群教师的实践中孕育产生了。

我们认为,学校必须成为一个个性交响的场所,每一处课堂都应该有生命的霞光。在这里,学生、教师、校长,每一个人都是"主角",各种各样的思考方式和教学方式都应受到尊重。我们相信每一位教师都有发展的空间,每一位教师都内蕴着一种创造的热情,每一位教师都有能力用自己的话语来阐述自己的教育哲学;我们相信真正的教育不仅应该有知识,更重要的是要有灵魂。正如一位老师所言:我以为这一辈子就这样完了,没想到教师的潜能也是无限的!

诚然,一路走来,有过犹豫彷徨,甚至不知路在何方,但我们没有放弃追求自己的"教学主张"。这里汇集的是 14 位教师近 3 年来的所学、所思和所想。我们认为,有文化品格的课堂,一定充满着智慧的光芒。"说出我的教学主张",是一种草根式的校本研修,凸显的是草根盛宴的民主性。我们努力挖掘每一位教师在教学中的闪光点,让每一位教师人格得到尊重,个性得到张扬,智慧得到分享。我们通过分层、互动、合作,搭建了一条促使教师隐性知识显性化的通道,这里有专家引领,有同伴互助。这里,你为你的教学经验命名,我为我的教学主张呐喊。

面对这一切,我只能说一个结论:课堂是一种文化存在。

睦定忠
2016 年 1 月于上海市沙田学校

第01章

让学生获得语言和思想的双重滋养

> 所谓"言意共生",就是"言"和"意"相互影响的"胶着"状态。据言得意和由言表意的转换与融合体现了语文教学的特质。在阅读中吸纳,在写作中倾吐;在阅读中理解"言"、领悟"意",在写作中生成"言"、提升"意"。由此,让学生言意兼得,语文素养便得以提升。

文化基因:言意共生,读写共赢

课堂寻绎:沉浸于文,感悟于心

教学之道:实现共生,追求新生

文化基因：言意共生，读写共赢

古语云："读书破万卷，下笔如有神"、"劳于读书，逸于作文"。叶圣陶先生在《论写作教学》中提到："阅读与写作，吸收和表达，一个是进，从外到内；一个是出，从内到外。""阅读得其方，写作能力亦即随而增长。"这些都道出了阅读与写作的密切关系。阅读的终极目标应该是学生能将阅读中的所得运用到写作中去，轻松快捷地写出具有个性和才情的文章。然而在实际的教学中，阅读归阅读，写作管写作，两者似乎总是"老死不相往来"。造成阅读教学与作文教学严重分离、"重阅读轻写作"的原因主要有以下几点：

一是教材编制与课时设置偏重于阅读教学。语文教材以选文的形式编制，有五分之四是阅读材料，而其他的综合性学习、写作材料只占五分之一，处于附加地位。从课时安排上讲，设定一个学期共 20 周（除去放假、考试等因素），每周教学课时为 6 课时，学期总计为 120 课时。假如两周上 1 次 2 课时的作文指导课，一学期用以写作指导的课时合计为 20 课时，占学期总课时的比例仅为 16.7％。可见，语文课几乎等同于阅读课，作文教学严重滞后于阅读教学。

二是迫于中考压力，许多教师的教学趋向于功利。特别是到了八、九年级，教师进行阅读教学，更多地是为了让学生掌握答题的技巧，对文本的赏析则在课堂上减而淡之。因此，学生的阅读能力、写作技巧均无从获得。

另外，学生的阅读现状也令人堪忧：在科技飞速发展的今天，直接将信息作用于视听感官的网络、电视、广播等媒介逐渐取代较为单调枯燥的书本阅读。青少年学生更推崇武侠、侦探、言情类作品，而许多优秀的文学作品因其内容或者情节"淡"、"不酷"而受到冷落。加之，学业负担带给家长和学生越发浮躁的心理，学生的课余时间被各种各样的教辅资料所充斥,课外读物被视为"闲书",阅读成了一种奢侈。即便有些学生出于功利(要考试)的目的看了些文学作品,他们的阅读关注点也仅放在情节的发展和故事的结局,或者是个别佳词妙句上,而忽略了作品对人物性格的刻画,更不会从深入的角度去思考作品表现的人生和社会。

因此,在课堂上,学生为读而读、为写而写,没有形成阅读与写作间的迁移。他们读了,却读不出深度,缺乏自我独特的感受;他们写了,却写不出新意,缺乏文字的灵性。基于以上的思考,我在语文教学中重视阅读与写作的有机结合,让学生获得语言和思想的双重滋养。

一、"言意共生"是语文教学的本质

所谓"共生",本是生态学的一个观点,强调一种相互影响、相互作用的关系。《现代汉语词典》将"共生"理解为"相依生存,彼此有利",细揣之,有共存、共荣、共赢之意。我的教学主张中的"共生"指向阅读与写作的共生,"言"与"意"的共生。

所谓"言",就是说话。既指口头语言和书面语言,也包括语言文字的各种知识。它体现语文课程的工具性。所谓"意",简单讲就是文章的中心、作者的思想情感等,它体现语文课程的人文性。语文教学的"言意共生",就是指"言"和"意"相互影响、共存共生的胶着关系。

"言意共生",是语文与其他课程的本质区别。夏丏尊先生曾把"阅"和"读"分开来说:"一般科学的教科书应该偏重于'阅',语言文字的教科书应该偏重在'读'。"他的意思是,语文以外的学科文本虽也用了文字写作,但我们只要知道写了什么(意)就行了,而语文学科则不同,读一篇课文,我们不仅仅要知道写了什么,更要关注怎么写的、为什么这么写而不是那么写。要揣摩品味这个"意"是如何通过语言表达出来的,如文章结构、词句样式、表现方法等都是"言"的范畴。

据言得意(吸纳)和由言表意(倾吐)的转换与融合正体现了语文学习的过程。在阅读中吸纳，在写作中倾吐；在阅读中理解"言"、领悟"意"，在写作中生成"言"、提升"意"。让学生言意兼得，获得语言和思想的双重滋养。

二、实现"言意共生"的有效策略

1. 知言探意、依言会意，感受文本内容。

面对文本，阅读的首务在于对"意"的追寻，而对"意"的追寻始于对言语的感知。教师要借助文本中一个个鲜活生动的词语，一句句精妙的句子，引导学生以各自的感官去"触摸"、"品味"语言文字，架构起由"言"到"意"的桥梁。

我教学《花脸》时，让学生辨析"执刀而立"中的"执"能否换成"拿"或"握"，"横刀立马"的"横"又能否换成"执"。根据六年级学生善于具象思维及好动、好表演的特点，让他们边做动作、边体会出："执"更能体现"我"像大英雄，有威壮不凡的气概；"横"则比"执"更具动感，着重体现关羽在沙场上挥刀的动作。看似意思相近的词，却在不同情境下表现出"我"不同的心理状态。学生在品味字词中充分挖掘文本的丰富内涵，从中感受到作者对关公花脸的喜爱的实质在于他对关公这个英雄人物的崇拜。

我教学文言散文名篇《黔之驴》时，为分析虎的形象，抓住关键词语不断地引导学生去联想、想象当时的情景。从老虎初见驴时的"蔽"、"窥"、"远遁"中感受其内心恐惧又好奇的心态。从"益狎，荡倚冲冒"中感受老虎对驴的挑衅、试探。在讲吃驴这部分时，学生将注意力放在虎的动作"跳踉大㘎，断其喉，尽其肉"上，却忽略了最后一句"乃去"。我让学生展开想象，用语言描绘一下老虎离开时的动作、神态，再现当时的场景。在你一言、我一语中，老虎心满意足的样子跃然纸上，其勇猛机敏、善察果断的个性特征也就在这个过程中清晰起来。

2. 循意识言、据意辨言，领悟表达技巧。

这里的"言"是指言语运用的技巧。阅读教学不能只停留于在文本内容、精神层面上的简单掠过，更应有意识地让学生懂得文本的言语运用技巧。引导学生通过比较、品评等手段,体会作者运用的词语、句式、修辞、表达方式、表现手法、安排布局等的神奇效果,懂得这样运用语言技巧的所以然,为之后把这些技巧融入到自己的言语图式中做好准备和积累。这是"言意共生"中最核心、最重要的一个策略。

《我不是懦夫》展现的是作者在突遭劫难时,由沮丧、颓废到坚强面对的过程。文中有两段景物描写:(1)寒风瑟瑟,在平台上形成一股旋风,发出悲怆的呜咽,很快便消失得无影无踪。(2)转眼又到了春天,不知不觉间,医院门前那排玉兰树的枝头已绽放出一朵朵洁白的花朵,花园里黄色的迎春花也在向人们发出春天到来的信息。我问学生:这两处景物描写的作用是什么?对于第一处,学生很容易理解这里瑟瑟的寒风是烘托出"我"内心无比的失望和深沉的痛苦。而对于第二处,学生无法理解的是:此时"我"还没能适应自己瘫痪、残疾的现实,不能面对旁人异样的眼神。但为何要描写充满生机与希望的初春景象?通过学生间的交流,大家体会到景物描写既可以如第一处一样正面烘托,也可以如第二处这般进行反面衬托,这里正是用景物的生机勃勃来反衬"我"内心的绝望与痛苦。这样写更凸显出"我"当时的心境、更具有冲击力。

又如,在《从百草园到三味书屋》中,学生们立即能感受到鲁迅童年生活的快乐。但光知道这些是不够的。文中作者对百草园的景物描写以及"冬日捕鸟"这两段文字,是学生写作的很好的范例。于是我提出问题:作者是如何描写百草园里丰富的动植物的?引导学生关注作者选择、描写、组织景物的方法。让学生明确:在景物的选择上,春、夏、秋景皆备。桑椹、菜花在春末,蝉鸣在盛夏,蟋蟀到秋后才叫,这些与后文冬季捕鸟合成四季图。在景物的描写上,运用比喻、拟人多种修辞手法,遣词准确、生动,形、声、色、味俱全。在景物的组织上,层次井然、条理分明。运用从整体到局部的写法,先略写了"不必说"、"也不必说"两个分句,然后详写了"单是"的内容。既然"单是"就已趣味无穷,可见园里的乐趣定然比比皆是。讲述"冬日捕鸟"这一环节,提出问题:想想为什么作者只写了几十个字,就把捕鸟过程交待清楚了?帮助学生理解关键在于连用的七个动词"扫,支,撒,系,牵,拉,罩"真切、生动地展现了捕鸟的全过程。作者注意炼字,其用词的精准是值得我们学习的。

这些提问都使学生由对内容的关注引导到对形式的探究上,让他们认识到要表达出这样的内容必须要借助一些适宜的技巧来实现。语文教材中几乎每篇课文都有值得学生学习的表达技巧,就以八年级(下)第二单元"人物春秋"中的五篇课文为例,如下表:

篇名	表达技巧上的特点
《夏衍的魅力》	叙议结合的表达方式
《钱钟书先生》	用白描手法刻画人物形象
《忆冼星海》	侧面描写的方法
《木兰诗》、《巢谷传》	立意与选材的关系,详略安排得当

如果教师能在讲解精彩语段时有意识地与写作实际相结合,那么学生从课文中不仅能学习作者的语言,还能丰富自己的语言、收获写作技巧,这必然对学生写作能力的提高大有益处。

3. 创言补意、会意生言,发展言语和思辨能力。

存在主义思想家萨特说:"阅读是引导下的创作。"他认为,阅读过程是读者主观性发挥作用的过程,读者在文字的引导下带着自己的经验和想象与作者一同感受,甚至可视为读者与作者共同参与并最终决定作品的存在方式。由此观点看,在阅读过程中如果学生没有心动意想并形诸言语,那么这样的阅读便不是真正的阅读。

在教材中,不少文章常留有空白。这些留白处或一波三折,或故弄玄虚,或欲言又止,或意犹未尽,引人深思,激起读者的各种悬念,给读者以无限的想象空间。如《二十年后》中对另一个主人公杰米的描写是只字片语。杰米准备赴约时是怎样的心理? 在鲍勃擦了火柴点亮雪茄烟时,杰米的心理历程是怎样的? 当杰米转身离开时,他的心里又是怎样想的? 作者一概没有任何交代。这时就要启发学生联系上下文的内容,进行合理想象，运用个性化的语言对留白处进行补写，使人物形象丰满起来。在创言补意中既训练学生的言语能力，也促使他们带着自己的情感、理解去触摸只字片语背后作者的情感与气韵，引领他们真正完成与文本、作者灵魂的情感共鸣，从而使课文内蕴的"意"变得充实与完整。

阅读文本时，学生作为"观文者"披文以入情。阅读文本后，学生则化身"缀文者"，情动而辞发、会意必生言。教师要为学生创设"生言"的情境。如学完《破阵子（为陈同甫赋壮词以寄）》后，请学生根据词的意境，发挥想象，写一段文字，展现"沙场秋点兵"的生动场面；学完《最后一课》后，请学生以"放学的路上"为题，为小说续写一段文字：小弗郎士上完最后一堂法语课后在回家路上的所见、所闻、所感；学完《外婆的手纹》后，引导学生回忆自己的外婆（奶奶）或妈妈，描写一个令你心动的细节；学完《天净沙·秋》与《天净沙·秋思》后，要求学生从色彩、画面和情感等方面谈谈这两首曲的异同；在《不求甚解》一课中让学生领略议论文论证思路和语言的严密性，课后则要求学生以"班门弄斧"为题，写一段评论性的文字。写的过程，正是让学生将阅读时习得的"言"（技巧）、积累的"意"（情感、思想）内化为自己的"言"、提升自己的"意"的过程。此时，"言"与"意"不仅能实现"共生"，更能获得"新生"。

综上所述，知言探意、依言会意，由文章的语言体会文章的主旨、作者的情感，这是"言意共生"的第一重境界。循意识言、据意辨言，引导学生关注写作方法和技巧对表达"意"的作用，这是"言意共生"的第二重境界。创言补意、会意生言，指导学生将课文中的"言"与"意"内化成自己的"言"与"意"，获得阅读能力与写作能力的同步提升，这是"言意共生"的第三重境界。可见，语文能力的习得绝不是一条直线路径，不是由"言"到"意"或者是由"意"到"言"，而是要在"言"与"意"之间走几个来回，在不断地体会、揣摩、领悟中曲折实现。初中阶段，将阅读与写作融合起来，让学生从教材的经典作品中吸收写作的精髓，练就一双鉴赏文学作品的慧眼，从经典作品中获得思想的净化与滋养，这对学生今后的语文学习和成长是具有深远意义的。

课堂寻绎：沉浸于文，感悟于心

教学内容：《狼》

教学目标：

1. 揣摩语言的简洁传神，体会狼与屠夫的形象特点。

2. 了解叙议结合的写作手法，准确把握文章主旨。

教学建模：

"共生语文"，是在教学中建立起阅读与写作之间的联系，让学生在阅读中吸纳，在表达中倾吐，让学生在感受文字的魅力的同时提升表达能力，进而提升写作能力。本堂课通过"整体感知——创言补意——循意识言——会意生言"的路径实现"言"与"意"的共生，体现了了"言意共生"的境界。

教学过程：

一、整体感知

齐读课文，提问：故事可以分为哪四个阶段？

【设计意图：这是对上一堂课的回顾，更是对这篇文章整体内容的把握，为之后的"言"与"意"的探究作准备。】

二、创言补意

1. 提出片断写作要求：结合课文内容，展开合理想象，选择某一情节为屠夫和狼添加描写。

2. 小组讨论。要求：每位组员读读添加的描写，说说这样写的依据。其他同学认真听，结合文本内容说说写得好不好。

教师参与每个组的讨论。

【设计意图：这里的扩写源于文章内容。要在忠于原作的基础上将人物刻画得具体、生动,学生必须深入理解文本。同时,写的过程正是一个体会人物特点和思想的过程。】

三、循意识言

1. 组织班级交流。

内容：(1)屠夫在不同阶段,具体会怎么想?

(2)在整个过程中,两头狼会有怎样的交流?

形式：请描写相关情节的学生读读自己添加的描写,并结合文中具体词句谈谈这样写的理由。

明确：屠夫——机智、勇敢;狼——贪婪、狡猾。

2. 小结:

你们所有的描写都是基于文章本身那些看似并不起眼的只字片语。这正是古文的魅力所在：惜墨如金,却给人以无限的想象空间。

【设计意图：通过全班交流,将片断写作训练时无意识捕捉关键词句的行为外显,并转化成有意识地沉浸文本的学习方式,从而使学生更好地体会文章用词的精妙,领会人物的特点。】

3. 了解叙议结合的方法,辨析主旨。

(1)辨析主旨：从作者的写作意图看,本文究竟是要表现人的勇敢与智慧,还是要表现狼的狡诈与阴险?

(2)比较文中的两段文字,由不同的表达方式,体会各种不同的作用。

(3)回顾所学过的课文,深入体会"叙议结合"这一写作方法的作用。

明确：记叙是议论的基础,议论是记叙的提炼和升华。本文结尾处的议论揭示了文章的主旨(狼虽然贪婪凶恶、狡诈阴险,但在机智、勇敢的人面前,终究难逃灭亡的命运)并起到了画龙点睛的作用。

【设计意图：此环节以学生的说为主,口头表达是"言"的另一种形式,在交流中,

了解文章的"言"(写作方法)与"意"(主旨)的关系。】

四、会意生言

1. 从这个故事中,你可以获得哪些启示?

2. 作业布置:试用一段文字分析造成人在《狼》和《黠鼠赋》中的不同结局的原因以及你从中获得的启示。

【设计意图:让学生在"知意"的基础上发表自己的看法,用写的方式加深对文本的认识与理解,同时也训练学生的思辨能力。】

教学之道：实现共生,追求新生

我觉得,学生的语文能力是在阅读与写作的互相影响中逐步获得提升的。在阅读中吸纳,在写作中倾吐;在阅读中理解"言"、领悟"意",在写作中生成"言"、提升"意"。因此将阅读与写作糅合在一起,关注阅读与写作的联系,是实现"言意共生"的一个重要途径。《狼》这堂课,是我实践教学主张的一次有益尝试。

本堂课有三个环节体现了我的教学主张。一是在"创言补意"环节。学生交流为原文添加的描写,并说说这样写的理由。通常这个环节是在学完课文后才做的,但是在这堂课上,我将它放到了学习之初。在没有深入学习的情况下就进行描写,学生一般是仅凭自己对情节的粗浅了解,或无意识地捕捉到文本中的一些重要信息来写的。极少的学生是有意识地抓住文本中的关键词语去写的。在交流的过程中,大部分学生能更加深切地感受到,但凡准确细腻的描写都是基于文章本身那些看似不起眼的只字片语。如果没有关注到这些词语,是很难写得贴切、生动的。这又将学生自然而然地引入依言会意、感受文本内容的阶段,从而借助辨析之前的描写优劣与否的过程,使学生自然而然领会人物的特点,并体会古文语言的精妙、精练,给人以丰富的想象。整个环节,学生由自己的语言为起点联系到课文的语言、再领会文意，是个由"言"到"意"的过程。

二是在"循意识言"环节。这里的"言"，不是狭义的书面语言，而包括两层意思：一方面是指言语运用的技巧、写作方法。语文教学不能只停留于在文本内容、精神层面上的简单掠过，更应有意识地让学生懂得文本的言语运用技巧，为之后学生把这些技巧融入到自己的写作中做好积累。通过这篇课文，学生能了解叙议结合的写作方法及作用、了解叙与议的关系。以后在自己的写作中，学生可以有意识地运用这个方法来凸显文章主旨。另一方面，这里的"言"还是指"说"。口头表达是"言"的另一种形式。这个环节需要学生辨析本文的主旨及写作意图：主要表现人的勇敢与智慧，还是要表现狼的狡诈与阴险？这是思维的辨析，也是口头表达的训练。给予学生充分说的机会和时间，锻炼他们如何将自己的想法表述清楚，同时学生对课文的"意"也有了更深入、准确的理解。

三是在"会意生言"环节。阅读文本之前，学生作为"观文者"披文以入情。阅读文本后，学生则化身"缀文者"，情动而辞发、会意必生言。教师要为学生创设"生言"的情景。于是在学习结束时，我布置的作业是：试用一段文字分析一下造成人在《狼》和《黠鼠赋》中不同结局的原因以及你从中获得的启示。这里的片断写作与上课之初学生为课文添加的描写不同。后者是为了帮助他们更好地领会课文内容，是了解课文的"意"的层面，前者则是在知"意"的基础上，引导学生进入另一个积极的言语倾吐阶段。这里的写的过程，正是让学生将阅读时习得的"言"、积累的"意"转化成为自己的"言"、从而提升"意"（这里的"意"不再是狭义的文本内容，而是指学生的思想、思辨力）的过程。此时，"言"与"意"真正实现了更高层次的共生。

目前存在的问题是，在课堂上关注于各个教学环节如何实现言与意的结合、共生，但是对于学生"共生"的程度却没有切实关注到。也就是，如何让不同层次的学生在阅读的过程中，自己的思想和表达能力都得到相应的提升？如何在实现言与意"共生"的基础上进一步关注到学生个体的言意"新生"？这是在今后的教学中需要注意的。

（归文菁）

第 02 章

触摸课堂教学的情致与韵味

在语文教学中,恰当、充分的读,是教师引领学生走进文本世界、触摸语言文字心跳、品悟语言文字味道、挖掘语言文字内涵的过程。在与文本的一次次对话中,学生的言语智慧和精神人格会得到不断的提升和完整。"悟意、会情、入情、动心","其言皆若出于吾之口,其意皆若出于吾之心",这就是"读悟语文"的精髓。

文化基因:品悟墨香中的情韵
课堂寻绎:细细品味语言的曼妙
教学之道:让情感体验持续升华

文化基因：品悟墨香中的情韵

　　语文传统教学中有很多精华，以感悟自得为核心的语文教学思想便是提高语文能力的核心精神之一。敏锐的语言感悟能力的获取与形成，离不开对文本的诵读、对语言的理解、对语境的体味。语文教学提倡以朗读为主，在读中感悟，领会表达。

一、读悟语文：价值的追问

　　"因文悟道"、"缘道学文"是我国历代语文教学的基本思想。随着历史前进的脚步，"文"即语言形式逐渐发展演进，"道"的内涵与外延更是发生了根本的变化，以现代的观点审视"文以载道"，"道"应是文章负载的社会生活、百科知识、思想感情等，即文章的思想内容。这种基本思想合乎语文教学规律，直至今日仍具有普遍意义。

　　文道兼顾，相得益彰。"文"与"道"相互依存，"悟道"与"学文"相辅相成，这是语文学习的一条重要规律，遵循这一规律，摆正"悟道"与"学文"的关系，才能改变阅读教学费时低效的现状，获得课堂教学的高效益。

　　重视诵读，是我国语文教学的传统经验，所谓"文选烂，秀才半"、"读书百遍，其义自现"、"熟读唐诗三百首，不会吟诗也会吟"。言虽简单，却道出了语文学习的真谛。敏锐的语言感悟能力的获取与形成，是高语文素质的标志，而中国语文教学的传统做法——重视文本，重视诵读，重视语言，重视语境，重视习惯，重视积累，正是语感培养的行之有效的好方法，这也应该是今天全面提高学生语文素质的有力武器。

　　于漪老师在著作中谈到："教学中教师要善于把课文中无声的文字通过师生的共同努力，变成有声的语言。语言或铿铿锵锵，如金属撞击声；或潺潺淙淙，如小河流淌。

伴随着悦耳的音响,课文中的思想、情感就会叩击学生的心灵,学生眼到、口到、耳到、心到,学得愉快,学得有效。"所以在小学语文课堂教学中,重视并加强有效的朗读指导非常必要。

占据如此重要地位的形式多样的"读",在教学中应合理安排,使之能行之有效地为完成教学目标服务。南宋教育家朱熹对读与思的关系曾有过十分精辟的论断:"读书无法:读一遍,又思量一遍;思量一遍,又读一遍。"学生在读、思过程中阅读,不仅要了解文章写了什么,还要知道作者用怎样的语言表达,表达怎样的内在情感。要达到这样的教学目标,我们得让学生在一遍遍的读中体会情感,在一遍遍的思中去感受情意。只有在读中思,在思后读,读与思水乳交融,循环反复,情感体验才能持续升华,学生才能既得文,又得意。

语文教学长期陷入误区的突出表现就是漠视读书。"书声琅琅"应该是学校的特征,尤其是语文课堂教学的特征。可是充塞于语文课堂的是老师无休止的讲解和大量的所谓"知识点"的练习,这些讲解和练习,占据了学生"熟读精思"的宝贵时光。回顾、反思自己的教学,我发现自己往往只重视了精读领悟阶段的引导,而忽略了自读感知阶段学生的自悟自得。没有此基础,学生对文本理解就缺少整体把握,更多地烙上了教师思维的烙印,而缺失了自己个性的、独特的东西。平时,我很注重运用多种形式的朗读,但忽视了朗读教学的内涵,课堂气氛虽有提升,但缺少对文本内容的咀嚼、敲打。因此,学生的读书仅是在语言文字表面滑行,读与思分离,游离于文本之外,难以切近语言、治静于文本深处。

二、读悟语文:教学策略

我认为,先要找到关键问题,让问题成为读文的线索、读文的窗口,做到"牵一发而动全身"。这就需要体现出知识内涵、知识本质,能进入文章的内在天地,为理解课文、内化知识搭建桥梁。在这过程中教师就要教给学生一些思维方法,在读中,以正确的思考来解决问题，使读思相互交融。如，依据《美丽的小兴安岭》一文"总—分—总"的构篇形式，在初步了解全文的基础上，从文章最后的总结段入手，由"一年四季景色诱人"、"美丽的大花园"、"巨大的宝库"逆推至前文的阅读。采用变序式的教学方式，从整体出发，从结尾段切入，抓住统领全文的中心问题"为什么小兴安岭既是一座美丽的大花园，又是一座巨大的宝库？"展开教学，从而使学生有的放矢地去思考，去领悟。孔子云：学而不思则罔，思而不学则殆。我把它改成：读而不思则罔，思而不读则殆。只有把朗读和思考有机地结合在一起，才能更好地启动学生的思维，点燃学生思维的火花，加深学生对文本的感悟。

　　其次，创设情境，加快感悟。我们可以创设一定的情境，让学生把脑中的表象进行新的改造、组合，将文字转化为一幅幅可感、可触、可见的鲜活画面，并让学生情不自禁地融入其中。语文教学离开情境，就会"形不真"、"情不深"、"意不远"、"理不明"。因此，我们在指导学生朗读时，应经常凭借语言文字进行情境导向，引导学生走进作者胸中之境，亲近作者，领悟作者的感受。

　　言语作品不仅具有字面意义或语表意义，而且还有言外之音或语外之意。在进行语言表达时，常常要运用由联想或想象作为基础的修辞手法，以使语言鲜明生动。如《台湾的蝴蝶谷》中有这样一句话："每年春季，一群群色彩斑斓的蝴蝶飞过花丛，穿过树林，越过小溪，赶到山谷里来聚会。"如果仅从文字的表层意义呆板地理解"色彩斑斓、穿、越"等词语，就无法感受到活生生的动人的蝴蝶聚会的场面，要想让学生披文入情，进入课文所描绘的情境，只有在反复朗读的基础上发挥想象，展开联想：数以万计的蝴蝶身着彩衣正从四面八方赶来，它们生怕耽误了大好春光，急着到蝴蝶谷去聚会，你瞧它们飞得多么轻快，多么活泼！学生在看图想象中仿佛觉得自己也成了一只舞姿翩翩的彩蝶，正赶着去蝴蝶谷聚会呢！

　　教学中，以课文情境唤醒生活情境，以生活情境诱发真切情感，以朗读方式重现课文描写的情景，让学生凭借类似情境进入文中感受其境，凭借相似情感进入角色感受其情，从而使学生顺利进入文中情境，达到朗读的理想境界。创设情境的朗读指导，不仅有助于诱发情感体验，有助于学生正确的感悟，而且能提高感悟的效率，使学习更为有效。

再次，读是个性化行为。由于学生主体的生活经历、认知经验等方面均存在着较大的客观差异，即使相同的文本，在不同的阅读个体中获得的理解也各不相同。在用声音表现文章内容和人物形象时当然也存在这样或是那样的差异。具体地讲，就是在语文课上，只要学生能够在理解的基础上，充分说明这样或那样读的理由，学生"异彩纷呈"的个性化朗读都应该得到我们的尊重与肯定。它所带来的效果，就是教材在学生个性化的朗读中被赋予了无限的活力，而不再是"死板"的文字。教《五彩池》时，其中描写五彩池形状的一段"有像葫芦的，有像镰刀的，有像盘子的，有像莲花的……"有的同学认为："应该读得越来越快，因为五彩池太多了，作者都看不过来了，所以要读得快。"有的同学却提出："这四个像字，要读得越来越慢，因为五彩池太神奇了，作者边看边陶醉，忘记了周围的一切……"

可见，尊重学生的感受，可以充分发挥学生的主体地位，真正实践《语文课程标准》提出的"学生是学习语文的主人，尊重学生的个性差异，鼓励学生选择适合自己的学习方式"的教学理念。当然，尊重学生的个性化感受并不是否定教师的主导地位，掌握好教师指导的"度"，才能让学生的个性化阅读迸射出蓬勃的活力！

最后，精读中领悟，重在"巧"。感悟是只有"感"才会"悟"，只有"感"得扎实才能"悟"得透彻的。有重点地读，反复地比较朗读，才能把文字还原成生活画面，才能使文字焕发出生命的活力。阅读仅停留在学生的自悟自得上是远远不够的，阅读教学中，教师要引导学生细心咀嚼课文中的语言，让他们自己动脑筋，经常比较、揣摩，养成习惯。课文内容及其所包含的思想是学生通过自读、自悟才能领会到的。自悟，即自己以心去领悟，悟的过程就是通过阅读和思考语言文字的内涵，去咀嚼语言文字的滋味，去体验语言文字的感情。

如在上《鸬鹚》这一课时，围绕文中的动词"抹"指导同学们开展品读。

问题1：同学们，文中的"抹"字是什么意思啊？你能结合上下文说说吗？同学们思考后,得出"抹"有斜着划过去、轻轻碰一下、轻敲等意思。读、品、悟中,悟出了词语使用的巧妙,也悟出了阅读的方法。

问题 2:那么文中为什么要用"抹"字,用其他字行吗?同学们在同桌之间展开了讨论,尝试用不同的字来代替,又结合上下文,最后得出,用"抹"字是最确切的。他们说:用"抹"一字,能把渔夫轻轻一划的动作生动形象地表现出来;在渔夫一抹下,鸬鹚因为不怕渔夫,所以它们是按抹的顺序下水,很形象;渔夫这一抹,是带着对鸬鹚的爱和对收获的期望的,所以用"抹"更确切,等等。

三、读悟语文:教学模式

"读悟式"课堂教学模式是以"让学生在阅读实践中、在主动积极的思维和情感活动中,加深理解和体验,有所感悟和思考,受到情感熏陶,获得思想启迪,享受审美乐趣"(课标语)为目标,在读中感悟、理解、运用祖国的语言文字,在读中领悟作者遣词造句的巧妙绝伦、抒发情感的恰如其分、表达方法的匠心独运;在悟后读,读出文章的意、情、境。在读通、读懂的过程中丰富学生的语言积累,并不断地将新知识纳入原有的认知结构,促进其语言的发展。它以"初读感悟→精读引悟→导读体悟→美读品悟"为基本操作模式。

1. 创设情境,自读自悟——初读,悟其意——感知阶段。

初读全文时的感知是多方面的:一是把握全文大意,知道写了什么;二是捕捉最重要的信息,如题目含义信息、开头结尾信息、段落层次信息、主要人物事件信息等;三是疏通生字词、读顺词句段。简言之,悟其"意"指的是粗通大意、疏通字意、萌发情意,包括感知受阻提出难意。如,学生借助拼音、联系插图、初读《狐狸和乌鸦》后,说:"我知道了狐狸把乌鸦嘴里的肉骗走了"、"我知道乌鸦上了狐狸的当"、"6 个自然段写了一件事"……这便是抓住了课文的大意,也捕捉到了重要信息。有的还说:"我讨厌狐狸这个骗子"、"我可怜乌鸦,也瞧不起乌鸦,它好蠢"……这便是情感的初步体验。初读后的质疑问难是感知阶段的常见现象，这些疑问是学生边读边思、感知文本的结果，是进一步精读的基础，也是进一步读悟的内驱动力。

2. 读读议议，披文入情——精读，悟其形——感悟阶段。

这是比较深入的阅读阶段，其基本任务是进入课文局部，从语言文字和思想内容的结合上对课文作比较深入的领会。其重点是对词和句的把握，以及形成良好语感。其关键是主动积极地进入语言情境，受到情感熏陶。其基本做法是以段为单位，读读、议议、讲讲。

所谓精读就是在整体感知语言文字的基础上，抓住文章重点、难点或精妙处，引导学生通过目视、口诵、心记等多种感官联合加工，使符号、语音意义、表象等紧密联系、有机结合，使语言文字所表述的人、事、物现象等融会成完整、连续的生活画面，在大脑中活起来，动起来。这样读，才能进行立体的、全方位的触摸与感悟。也就是说，让学生一边声情并茂地朗读或是"潜心会文"地默读，一边展开联想和想象，在大脑里"现画面"，使语言文字"立"起来、"物形化"，重现生活原型。阅读理解的重要因素，就在于"表象"生成和发展的程度，即能不能顺利地把文字符号还原成生活画面。这就是感悟阶段通过精读"悟其形"的内涵意义。

3. 巧妙点拨，揣摩品味——导读，省其神——领悟阶段。

学生的悟，关键在于教师巧妙、适时地引。学生的水平毕竟是有限的，我们应该根据学生掌握的情况，有重点、有目的地给予点拨、引导。引导他们细细品味好词佳句的绝妙之处，揣摩布局谋篇、立意构思的独到之处，深入探究、领悟作者所表达的思想感情。当然点拨应以学生的读为根本，以学生自己的领悟为主。教师的"点"必须"点"在关键之处，"拨"必须"拨"在疑难之处。初中语文教材中的文章多是大家之作，具有丰富内涵，有很强的可读性。在小学语文课堂教学中，教师要抓住文章的精彩之处，以关键的字、词、句为品读的"点"，引导学生深入揣摩、细细品味，悟出文本的广度和深度，从而提高学生的语感，增强学生的阅读能力。

4. 深入理解,品味情感——美读,悟其道——品悟阶段。

因文悟道,力戒到此为止。学习课文时,不能单纯围绕思想内容兜圈子,止步于对思想内容的条分缕析、阐幽发微,而应当在引导学生理解、领悟课文的思想内容的同时,注重对课文语言的学习,强化语言文字的训练。引导学生学习课文语言时,切不可就语言学语言,进行单纯的语言技巧的演练,而应以理解内容、领悟情感为经,以语言训练为纬,使语言形式的掌握与内容的学习、情感的熏陶有机结合,融为一体。

"悟其道":一是悟文章的写作之道,即把课文当成书面语言交际的范型,揣摩作者的写作思路和思想情感,感受作者观察、思维、表达的方式,领悟文章遣词造句、连句成段、连段成篇的方法及其用心、意图,以便读写迁移、尝试运用;二是悟独立阅读之道,即了解和反思自己的学习过程,不断汲取独立阅读的经验,顺利实现"自能读书"的学习目标。

所谓"操千曲而后晓声,观千剑而后识器",让学生在读与思中反复推敲、深入领悟文章内涵,最后熟读成诵,铭记于心,活用于文。无论感悟语言文字的魅力,还是体味文字中所蕴含的情致与韵味,都要靠反复的比较朗读。叶圣陶先生曾说:"多读作品,多训练语感,必将能驾驭文字。"我们语文教学应"读"占鳌头,让学生在读中理解,在读中感悟,在读中明义,在读中抒情,让他们真正成为学习的主角。

课堂寻绎:细细品味语言的曼妙

课题:《白银仙境的悲哀》

教学目标:

1. 在阅读中积累描写环境幽美的句子。

2. 正确、流利、有感情地朗读课文,读出自己的感受。在对比、朗读中感悟白银仙境的变化。

教学建模：

"读悟式"课堂教学模式是以"让学生在阅读实践中、在主动积极的思维和情感活动中,加深理解和体验,有所感悟和思考,受到情感熏陶,获得思想启迪,享受审美乐趣"(课标语)为目标,在读中感悟、理解、运用祖国的语言文字,在读中领悟作者遣词造句的巧妙绝伦、抒发情感的恰如其分、表达方法的匠心独运;在悟后读,读出文章的意、情、境。在读通、读懂的过程中丰富学生的语言积累,并不断地将新知识纳入原有的认知结构,促进其语言的发展。它以"初读感悟→精读引悟→导读体悟→美读品悟"为基本操作模式。

教学过程：

一、初读感悟

(一)媒体导入,理解"仙境"

1. 预留板书:仙境。谁来读一读这个词语?什么样的地方能被称作仙境呢?让我们一起去看一看。(看视频)

2. 知道什么是仙境了吗?

(本来是指神仙居住的地方,现在用来比喻景色极美的地方。)

3. 这么美的地方,作者写了一段很美的文字(出示第一小节,示范读)。

哦,原来这里描写的地方就是——白银仙境。板书:白银。

4. 一起来读读这个美丽的名字(齐读:白银仙境)。

【设计意图:老师的范读让学生对第一小节有了整体的感知。】

(二)朗读文本,感受白银仙境的幽美

1. 打开课本,轻声读这段话,做到读准字音,不加字、不漏字。

【设计意图:初读课文的重点在读准字音、读通句子上。】

2. 男女生分读蓝色、红色部分,要求读正确、读流利。

那老师为什么用不同颜色表示呢?和老师合作来读,准备——在国外,曾经有一个——,那里有——,有——,有——,有——。小镇上的人——,很少——,过着——与喧闹的城市相比,那里——小镇也——。

3. 出示填空:这个名叫白银仙境的小镇_____,空气_____,人们的生活_____。

4. 交流。板书:鸟语花香、空气清新、安逸宁静。

5. 这么美的地方,这么美的文字,如果你能读好,一定会陶醉的。同桌互读第一小节,这回要求提高了,读的时候请特别关注板书上的词语。

6. 引读填空出示:啊!这里真是一个环境_____的地方。

7. 板书:幽美(幽静、美丽——结合课文景色特点)。

8. 既然是幽静的,在朗读这段文字时我们的声音就应该轻轻柔柔的,语速稍慢一些。谁能试试?

9. 来,让我们一起在美妙的乐曲声中走进迷人的仙境。(齐读)

【设计意图:第二次读要求正确流利,且读后思考两句话的描写对象有什么不同。第三次师生合作读,帮助学生勾连文本。第四次要求抓住关键词语朗读,来体会白银仙境的美。学生个性化朗读,鼓励读出自己的感受感想。第五次配乐朗读,来激发学生情感,使学生陶醉于美景美文中。】

10. 教师讲述故事:一个名叫罗宾逊的生意人慕名而来,被眼前的美景所吸引。精明的他突发奇想,把这里的空气拿到城里去卖,让城市里深受大气污染的人也能享受新鲜空气,肯定会大受欢迎。于是,罗宾逊和镇长签下了合同。

二、精读引悟

1. 可是,意想不到的是,仅仅三个月后白银仙境变成了这副模样(出示图片)。

出示第七小节:现在你想用什么样的语气来读这段话呢?自己先读一下。

【设计意图:以图激情,引出这段课文的朗读方法的处理。】

2. 曾经的人间仙境消逝了,让人感到痛心惋惜,所以朗读时我们的语气也变得沉重起来。(指名读)

3. 学生引读。

对比读板书。板书：垃圾遍地、空气浑浊、吵吵嚷嚷。

4. 课文中有一个词语表现了白银仙境今昔对比的巨大变化。板书：面目全非。

【设计意图：发挥学生的主动性，以读代讲，归纳描写景色变化的词语，易形成鲜明对比，帮助学生读懂文本，为后面的学习理解"悲哀"作铺垫。学生对课文人文内涵的理解将一步步加深。】

5. 作者写了白银仙境前后的变化，像这样抓住同一事物写出前后明显变化的写法叫对比。板书：对比。

6. 文中其实还有一个地方也运用了对比手法，你们能找到吗？默读课文，用波浪线划出。

师引读：罗宾逊情不自禁地说——他非常失望，找到镇长，说——。

（"情不自禁"、"非常失望"）请借助这两个词语，试着读出罗宾逊语气的变化。（指名读）

三、导读体悟

1. 出示：罗宾逊_____情不自禁地说："这里太美了，有令人神往的自然环境和吸不尽的新鲜空气。"

他非常失望，_____找到镇长，说："这里的清新空气已遭破坏，我不能履行合同了，你应该尽快设法拯救白银仙境！"（加入合适的神态、动作）

小组讨论、集体交流。

作者用了对比的写作手法，朗读时语气语调截然不同，也形成了鲜明的对比。（齐读）

2. 联系上文内容来把句子补充完整。

出示：这里的清新空气已遭到破坏，是因为_____。

我不能履行合同了，是因为_____。

你应该尽快设法拯救白银仙境，是因为_____。

小组内交流,指名回答。师点评(注意感情、语气的加强)。

【设计意图:学法指导的及时总结,为运用、实践做准备。让学生在一遍遍的读中体会情感,在一次次的思中去感受情意。】

四、美读品悟

(一)感悟造成悲哀的原因

1. 现在你能把课题补充完整吗?教师板书:悲哀。

为什么用这个词?

【设计意图:用课上学到的对比朗读的方法进行自主学习。这是自我语感形成、体验文本后渐次提升的过程。】

2. 让我们带着遗憾和痛心读读课题。(齐读课题)

3. 类似白银仙境的悲剧有很多,请看(图片),正是因为人类自己的破坏,才使自己失去了赖以生存的环境,这真是人类的悲哀啊!

4. 出示图片:苏州河的今昔。选择你喜欢的一段文字,用我们今天学习的朗读本领来读一读。

(二)情感升华

1. 人们已经意识到了保护环境的重要性,还记得罗宾逊对镇长说的话吗?(出示)这里的"你"仅仅是指镇长吗?

2. 最后,作者发出了这样的感慨。(出示第九小节)

朗读指导:这更是一种呼吁,注意感叹号,吐字有力、语气坚定。(齐读)

3. 总结:让我们从身边的小事做起,爱护大自然,保护环境。唯有如此,大自然才会成为我们善良的慈母,而不是冷酷的屠夫。

4. 朗读全文。

【设计意图:达到情感上的升华,产生共鸣,有助于学生对课文中心进行更深刻的理解并领会课文的蕴意。】

教学之道：让情感体验持续升华

《白银仙境的悲哀》这篇课文的主基调与本单元的其他几篇文章一样，重在唤起孩子们对地球、对环境问题更深刻的认识和重视。这篇文章主要讲述的是一个有仙境般名字和仙境般环境的"世外桃源"——白银仙境，由于遭到人类的破坏，美景一去不复返，原本的仙境变得面目全非的故事。作者以"白银仙境的悲哀"为题，用意在于告诫人们没有什么比失去自己赖以生存的美好家园更加可悲的事情了。所以在本课的教学中应该牢牢抓住感情主线，以诵读为载体，让学生在读中理解和感悟课文，从而弄清作者的表达方法；也让学生在读中从理解发展为融入自己的真情，真正与作者的感情达到共鸣。

语文学习不仅要抓住语言文字来理解文章内容，而且要紧扣语言文字来体验和感悟，使学生在阅读中走近文本，走进文本。只有在读中思，在思后读，读与思水乳交融，循环反复，情感体验才能持续升华，学生才能得文，又得意。

根据教学策略，我总结为以下四点：

1. 关键在"美"。在导入新课的部分，我通过直观的多媒体画面和配乐，让学生直观地产生对白银"仙境"的第一感觉，之后再让学生结合书中的描绘来结合画面想象、体会小镇最初的美好，让学生带着对仙境的向往和赞美来初读课文。因此，在大概了解了课文的整体之后，我设计了一个课文内容填空，旨在让学生先初步地掌握课文的重点，然后进一步研读课文。总的方向和目标是让学生体会到白银仙境前后变化的鲜明对比，通过朗读产生感悟。

2. 主要在"引"。在精读教学的过程中，我遵循了文本原有的顺序，先针对白银仙境最初的美好来进行教学组织。这其中又分为两部分来掌握，第一点是小镇的美景和空气体现了自然环境的美好，第二点则是小镇上的居民们也过着淳朴安逸、与世无争的日子,由这两点来让学生更加透彻地体悟课题中的"仙境"二字不单是环境,还包括这之中的人们的生活状态。在这部分的教学中多次运用不同方式的朗读来激发学生对小镇的美的共鸣。接着文中的关键人物出现了——罗宾逊,他与镇长签合同以及他无法履行合同,这便将文中白银仙境前后的剧烈变化连接了起来。因此,对他为什么签合同以及为什么毁约的理解是一个重点。对这两个问题的挖掘能使学生去理解和感悟白银仙境的环境的剧烈转变,因而就过渡到了白银仙境遭到破坏之后"面目全非"的部分的具体教学板块。

3. 重心在"情"。在这部分的教学中,我采用了画面配乐这种最直接和最震撼的方式来加强情感上的渲染,使画面成为学生语言表达的素材,进一步帮助学生抓住主要内容,理解课文,也更快更有效地激发出学生们对作者传达的思想的共鸣。于是,在此感情基础上,我们再一起追溯仙境般的小镇落到面目全非的下场的原因。让学生通过读、找、概括,明确人们环境保护的意识的缺乏是白银仙境悲哀的根源,感受到环境污染的危害和保护大自然的重要性。

4. 要点在"悟"。最后依然在读中,让学生将内心积累的情感配合着悠扬的旋律一并抒发,这也是整堂课中最具有感情、最有深层领悟的一次朗读,在声情并茂地朗读中,学生们对课文的认识和情感都已得到了升华。

本课以读为主,在朗读中熟悉课文、加深理解。正确的朗读指导,往往能激发学生的学习欲望。通过默读、指名读、小组读等多种朗读方式,在将课文读通顺的基础上,让学生体会白银仙境的美丽,并运用配乐朗读的方式加深感受。通过男女生对比朗读,理解白银仙境前后反差的对比,思考"悲哀"何来。他们展开想象,在优美抒情的乐曲声中进入课文意境、加深感受。要引导学生在读中感悟、理解、运用祖国的语言文字,在读中领悟作者遣词造句的巧妙绝伦、抒发情感的恰如其分、表达方法的匠心独运。在悟后读,读出文章的意、情、境,在读通、读懂的过程中丰富学生的语言积累。

(唐蓁蓁)

第03章

让孩子们心灵飞扬

以"生存、生活、生命和生趣"为特征的"4S"教学，它既是"生命灵动、相互依存、协同合作、多样而开放"的教育生态，又是一种以学生为主体、以人的个性发展为第一任务的教学情境，也是一种珍视"独立之精神、自由之思想"的教育氛围，更是师生点燃灵感、激发创新、集聚智慧的平台。

文化基因：打造别具一格的魅力课堂

课堂寻绎：创设情境，让课堂灵动起来

教学之道："4S"教学，激活思品课堂

文化基因：打造别具一格的魅力课堂

依据"引领学生了解社会、参与公共生活、珍爱生命、感悟人生，逐步形成基本的是非、善恶和美丑观念，培养积极健康的生活方式，做负责任的公民"的课程标准，唯有让"4S"教学在思想品德课堂中栖居，才能既体现学科特征的要求，又适应学生成长和发展的需求。因此，如何让学生在课堂中学会生存、体验生活、润泽生命和感悟生趣，怎样让学生"说负责的话、做负责的事、成负责的人"，成了我的责任课堂追求。

一、生存之道——初中思品课堂的旨趣

众所周知，中国有句古话叫"授人以鱼不如授人以渔"，意思是说，给人鱼吃，只能使人享用一时，不如教人捕鱼的方法，则能使人终生有鱼享用。道理其实很简单，鱼是目的，钓鱼是手段，一条鱼能解一时之饥，却不能解长久之饥，如果想永远有鱼吃，那就要学会钓鱼的方法。无独有偶，联合国教科文组织为二十一世纪的教育提出了一个极具震撼力的口号："学会生存"。

于是，"学会做人、学会做事、学会合作、学会学习、学会生存"俨然成为教育的重点目标，其中，"学会生存"的核心要义是培养学生的自我保护意识、增强生存能力等。因此，如何运用与之相匹配的教学资源进行有效教学，提高学生自我成长的责任意识，促使他们适应纷繁复杂的社会，达到身心愉悦的目的，这才是初中思品课堂的旨趣所在。

二、生活之思——初中思品课堂的追求

由于初中生已经具备了一定的独立思考的能力,对生活周遭事物的看法也会有自己的认识与见解,并渴望被关注,渴望表达自己的意见,因此,在思想品德的教学中,教师应根据教材内容,设计与生活密切相关的问题,调动学生的生活经验,激发学生主动探究的热情,让学生在分析问题与解决问题的过程中,提升解决实际生活问题的能力。比如,在课堂教学中涉及"维护公共秩序,从我做起,从现在做起"这一内容时,我刚把观点亮出来,就听到下面有同学在嘀咕:"我觉得维护良好的公共秩序是重要,但只有我遵守,那顶什么用呢?"他的话附和者甚多,显然学生对此有不同的看法。针对这一讨论契机,我没有按照原先的预设开始授课,而是趁机问了一个问题:"你觉得在公共生活中需要良好的秩序吗?为什么?"学生们马上七嘴八舌地议论开了,有说需要的,因为良好的公共秩序是维护生活和谐、社会稳定的基础,也有学生说需要是需要,但总有人不能自觉遵守秩序,严重影响了上海城市的形象,破坏了文明和谐的社会大环境……通过热烈讨论和理性分析,大家最终达成了"维护公共秩序,我们人人有责"的思想共识。

正如陶行知先生提倡的"生活即教育"的理念,我们要强调教育环境的和谐发展。思品教学虽然做不到每节课都让学生走出教室置身社会,但是我们可以想方设法将教材内容与学生的生活实际联系起来,从而提高学生的学习兴趣,启发他们对生活问题和现象的理性思考,这恰是思品课堂的价值追求。

三、生命之源——初中思品课堂的活力

生命的发展离不开充足的水分和空气,学生的学习不能没有充裕的时间和空间。

在思品教学中,教师就要考虑到学生发展的多种需求,给学生足够的自主支配的

时间和空间,要把课堂设置成丰富多彩的活动平台,鼓励学生用适合自己的方法来参与并展示自己的成果,使不同层次的学生都能发挥自己的潜能,都能从活动中、从合作中、从探究中获得收益。

根据"思维最近发展区"原理,问题的难易程度要科学适度,没有难度或难度太大的问题,都会使学生失去思考和探究的动力。所以,在课堂中可以设计一些记忆型的问题,让那些基础差的学生也能大胆举手回答,让他们同样获得成就感;也可设计一些理解型的问题,让中等水平的学生独立思考,尝到解决问题的乐趣;还可设计一些有创造性的问题,让学习好的学生能有更多施展的空间。有梯度的提问才能使所有的学生学有所思、学有所为、学有所得,达到课堂教学面向全体学生的目的。

四、生趣之乐——初中思品课堂的品味

著名心理学家皮亚杰认为:"所有智力方面的工作都依赖于乐趣。"思品课堂的生动、快乐和有趣,是推动学生去寻找知识、享受趣味的精神力量。天真活泼是初中学生的心理特点之一,他们大都喜欢"猎奇",喜欢了解国内外大事,对身边的趣事有兴致,因好奇而产生浓厚的兴趣,有利于思想品德的教学。这要求教师在课堂中结合教学内容,始终围绕教学目标,在教学中"积极引导学生自主学习,主动探索社会现实与自我成长的问题,在合作和分享中丰富、扩展自己的经验,不断激发道德学习的愿望,提升自我成长的需求"。一言以蔽之,就是要把学生作为思品课的主角,把课堂的主动权还给学生。

比如,我校每堂思品课的前三至五分钟,都有一个或几个学生组合开展时政交流、新闻发布。当主讲学生讲完后,通常会提出一至两个与主题内容有关的问题,让其他同学谈谈体会、想法或建议等。每当学生站在讲台上,充满自信、有条不紊地讲述发生在我们身边的"家事、国事、天下事"时,我常常会主动参与其中,和学生们一起学习讨论。经常可以看到某个学生的精彩表现激活了教学气氛,课堂上爆发出阵阵赞同的

掌声。同时,学生和老师都能各自发表自己的观点,提出自己的疑问,也都能倾听别人对某一问题的阐述。这样一来,老师在倾听学生发言的同时,不断调整自己的思维方法,并用自己的言行把讨论引向高潮,老师和学生互相补充,互相促进,形成了师生之间朋友式的平等关系,形成知识的互补。当然,除上述形式之外,课堂上还可以展示一幅幽默风趣的漫画,讲述一则意味深长的典故,播放一首优美动听的歌曲,让课堂丰富多彩,从而激发学生的好奇心、想象力和独立思考能力,使学生觉得教师的讲课"有味"、学习的内容"有趣",使学生在快乐中感受知识,形成对思品课程"爱学——乐学——学好"的良性发展趋势。

课堂寻绎:创设情境,让课堂灵动起来

教学内容:《生命来之不易》

教学目标:

1. 了解家人为自己成长付出的艰辛,懂得自己的生命不仅属于自己,也属于家庭和社会,懂得生命来之不易。

2. 通过小调查、课堂讨论,交流自己的成长经历,体会父母为自己生命的诞生和健康成长所付出的艰辛,体会社会为青少年健康成长所提供的多方面的保障。

教学建模:

创设学生所熟悉的生活情境,辅之以教师生动的语言,借助于现代化的教学手段,使学生产生身临其境的感受,从而激发学生的学习兴趣。大体可分为四个阶段:情境导入,以境育情——情境展示,以情育情——反复体验,以情施教——深化理解,以情明理。

教学过程:

1. 情境导入,以境育情。

（播放歌曲）《生命之花为我盛开》。

这首歌曲歌颂生命、梦想与爱，梦想是可贵的，爱是宝贵的，同样，生命也是珍贵的，我们每个人都应该珍惜它、爱护它。

（出示板书）生命来之不易。

【设计意图：以《生命之花为我盛开》歌曲为背景音乐，渲染情境气氛，从歌曲中引出生命的主题，同时教师引导学生进入角色。】

2. 情境展示，以情育情。

（媒体呈现）壮壮妈妈的怀孕日记两篇，并请两位学生朗读一遍。

03/06：宝宝加油（略）。

07/28：壮壮出生了（略）。

（出示问题）（1）你了解妈妈生产时的感受吗？

（2）你知道在产房外等待的家人的感受吗？

让学生思考并回答（略）。

（教师小结）对于母亲来说，十月怀胎的辛苦、一朝分娩的痛苦，是一个漫长的过程。在孕育过程中，母亲不仅要忍受强烈的身体反应，为了宝宝的健康，还要处处注意饮食起居。为了新生命的诞生，母亲们心甘情愿地付出自己的心血。因此生命的诞生是艰辛的，对我们个人而言，是一场几亿选手的长跑比赛，而对我们的家人、我们的母亲来说，凝结了他们太多的关爱。

（出示板书）生命的诞生，来之不易。

【设计意图：通过日记以及课堂交流和老师的点拨，让学生感悟生命诞生的艰辛以及在生命成长中母亲的心甘情愿的付出。】

3. 反复体验，以情施教。

（学生活动①）完成操作平台——生命档案和名字的故事。

请学生拿出自己小时候的照片，和同伴们互相交流。先让学生在小组中交流名字的故事、成长的历程及父母的期望，后请各个小组的学生代表在全班进行交流。让学生体验当自己诞生的时候爸爸妈妈的心情和期望。

(教师小结)我们每个人都是在父母的精心呵护下成长起来的。同学们刚才出示的每一张照片都记录了你们的成长过程,每一张照片都凝聚了父母对你们的关爱。当你降临到这个家庭时,你就成为了家庭中的一员。你的一举一动、一言一行都会牵动着整个家庭、牵动着父母的心。

【设计意图:通过起名字、展示照片,让学生感受生命中融入了家人的希望和寄托。】

(出示板书)生命既属于自己,也属于家庭。

(学生活动②)根据出示的问题,让学生开展小组讨论

(出示问题)我们应怎样孝敬父母,让父母为我们少操点心?

(教师小结)父母的爱是伟大的,我们要懂得知恩图报,不仅要对自己负责,还要对家庭负责,学会承担家庭的责任:体谅父母、孝敬家人,长大后还要赡养父母。

(呈现图片)社会的关爱,国家的保护。

四个方面:(1)教育方面;(2)医疗方面;(3)法律方面;(4)其他方面。

(教师小结)我们每个人的生命,都和这个社会紧密联系着。社会为我们的成长带去了极大的关怀,社会为我们的成长提供了丰富的物资,社会为我们的成长创造了良好的环境。我们的生命不仅属于自己,属于家庭,还属于社会。

(出示板书)生命既属于家庭,也属于社会。

【设计意图:从学生自己讲述的成长故事中,进一步体悟个人能长大成人、成才,与家人为之付出的努力分不开。生命不仅属于我们自己,也属于家庭,属于关心、爱护我们的家人。通过图片的展示,说明学生在成长和成才的过程中,得到了许许多多知名和不知名的人以及国家和社会的关怀和帮助。生命还属于社会。】

4. 深化理解,以情明理。

(作业布置)填写"心意卡",向辛苦养育自己的家人表达自己真挚的谢意。

通过今天的学习,我们再次深深地体会到生命的价值。我们的成长过程中倾注着

父母的爱,牵动着无数人的关怀。如果他们在这里,你想对他们说什么呢?请同学们完成一项作业:课后将"心意卡"交给你想要感谢的家人。

(学生活动③)填写"心意卡"。

(教师总结)我们要感谢的人实在是太多,父母、老师、医生……感谢父母,给予我们生命,感谢老师,教会我们学习和做人,感谢国家,为培养我们成才创造优质的条件和良好的环境。

(师生宣誓)"生命只有一次,我会好好把她珍惜。我会孝敬父母、关爱家人,以感谢你们对我的养育之恩。我会努力学习、报效祖国,以回报社会对我的关怀。我会珍爱生命,让我的生命之花开得最美、最艳、最长、最久!"

同学们,你们在今后的人生道路上,无论遇到什么挫折、发生什么事,都要记住今天讲的话,要珍惜父母给予的生命。

【设计意图:通过填写心意卡、师生宣誓等教学方式,让学生懂得生命来之不易,并学会感恩,将感恩付诸实际行动之中,从而拓展和延伸了课堂教学的有效性。】

教学之道:"4S"教学,激活思品课堂

"4S"教学,即以"生存、生活、生命和生趣"为教学特征,激发情感、唤醒生命、震撼心灵、尊崇价值,让学生从整个教学的环节中体验到生命来之不易、生命是可贵的。《生命来之不易》这堂实践研究课,我是从以下几个环节来落实我的教学主张的。

第一,激发内心情感,初显教学效果。

通过课前调查的情况和结果交流,以及运用多媒体出示壮壮妈妈的两篇怀孕日记、让学生朗读日记等教学活动,让学生深刻地感悟生命诞生的艰辛,体会在生命成长中母亲心甘情愿的付出是多么地无私和无悔。只有当师生将对生命、对生活的热爱之

情共同流动于课堂之中时,教学活动的理性认知才会与情感体验相互辉映,师生之间、生生之间的信息交流才能与彼此的情感置换相互交织。课堂中的情感迭荡才能与我们的现实生活中的情感起伏保持高度的一致性。看完日记、听完交流,无需老师的只言片语,此时无声胜有声,学生已经有了心灵的触动,达到了激发学生的情感、将生命教育和知识教育相结合的效果。

第二,唤醒生命情愫,凸显教学实效。

叶圣陶有句名言:"教师之为教,不在全盘授予,而在相机诱导。"教学的艺术不在于传授本领,而在善于激励、唤醒和鼓舞,只有能够激发学生进行自我教育的教育,才是真正的教育。

如何唤醒学生生命中的美好情愫,使他们对生命充满敬畏、热爱与感恩,并为其今后的健康成长奠基,这是一个问题。显然,任何空洞的说教都是苍白无力的。于是,我想到了借助教材中的有关生命话题的资源,让学生完成操作平台——生命档案、名字的故事、照片里的故事,在小组交流自我成长历程及父母期望的基础上,再请各个小组的学生代表在全班进行交流,然后出示小组讨论题:我们应怎样孝敬父母,让父母为我们少操点心?期间我适时与学生进行对话,使其生命意识和美好情愫得到唤醒,进一步使学生感受到我们的生命中融入了家人的希望和寄托。学生从自己讲述的成长故事中,进一步体悟自我的长大成人、成才与家人为之付出的努力分不开。我引导学生从平时的点滴行为做起,成为有爱心、懂感恩、有责任的孩子,为家庭尽责。同时,我还努力以自己对学生的民主、平等、尊重、宽容的态度,唤醒学生的民主、平等、尊重、宽容、理解等生命意识,通过自己的"身教"感染、引领学生,使他们在长知识、长能力的同时,生命意识也在不断成长,美好情愫也在生根发芽。

第三,震撼师生心灵,彰显生命意义。

用多媒体出示一组反映社会、国家和其他劳动群众为了我们青少年的成长而任劳任怨、辛勤工作的图片,并展示近三十张图片,让学生按照不同场景和人物进行归类、看图说话和分析说理,再由我讲述和提升教学内容和意义,那就是:在我们的成长历程中，我们所拥有的爱不仅仅来自于家人。一个人能够长大成人，为之付出的有他的家人，还有为他提供各种生活用品、提供各种帮助和服务的工人、农民、医生等，社会对我们的健康成长给予了极大的关怀。揭示国家和社会对青少年的关怀和帮助，说明生命不仅属于家庭，还属于国家和社会。

最后，我带领同学们一起宣誓时，铿锵有力的誓言使在场的人都被深深震撼了，此时师生一起感受着感动，彰显了生命的价值和意义。

第四，尊崇生命价值，引起师生共鸣。

通过"1＋1＋1"公开教学，让我体会到"4S"教学的魅力关键在于"尊崇生命价值，引起师生共鸣"，它不仅是思想品德课教学中不可缺少的一个环节，也是激发和启迪学生自主发展和成长的重要环节。

无论课前调查、课中交流、课堂讨论还是课后作业，都为教学服务，从而达到学生主动学习的目的。在教学实践中，要创设情境，时时尊崇学生生命的存在，不断思考"我的教学方法怎样才能为学生所接受、为学生所悦纳"，充分研究学生的需要和兴趣，使之在动态中掌握知识、内化情感、树立信念、指导行动，达到思想品德课知、行、意的统一。在这种别具一格的教学策略的引领下，课堂便具有了生命的灵性，并由此而引发了师生对共同创造新生活、新生命的期盼，从而触动师生心灵，引发师生共鸣。这种打造魅力课堂的体验，让人回味无穷。

（王　静）

第04章

与课堂有一个美丽的邂逅

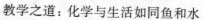

　　"磁性化学"就是要让学生感受到鲜活的化学、有趣的化学、易学的化学、有用的化学。让学生发现化学看似遥不可及,其实它近在咫尺,就在我们身边,隐藏在日常的生活中。带领学生在生活中感受化学的"近"、"宽"、"亲"、"动"、"萌",让孩子们与化学有一个美丽的邂逅!

文化基因:让课堂成为环绕生活的磁场

课堂寻绎:当化学与厨房邂逅

教学之道:化学与生活如同鱼和水

文化基因：让课堂成为环绕生活的磁场

现实教学中，常常发现，原本有趣的化学实验变成了一个个毫无生命力的化学方程式，一条条白纸黑字呈现的化学现象，根本无法充分调动学生的学习热情。

为什么白炽灯泡灯丝的金属是钨？为什么吃炭烤五花肉时不能紧闭门窗？为什么正常的雨水是酸性的？为什么吃小笼包时蘸醋更好吃？为什么加油站禁止吸烟？为什么热水瓶和水杯里的水垢可以用醋洗？……这些和化学有关的生活现象，学生能解释吗？

学生能利用所学的化学知识解释生活中的一些现象吗？化学提高学生的生活能力和品质了吗？事实上是 NO！化学本身是为了使生活更美好而存在的，如果不能，那么学习也就失去了意义。化学学科最早是源于生活的，那当然还要回归生活，为生活所用。如果学生能用所学的化学知识说明一些身边看到的现象，那么他们才会更信服老师所讲的道理，才会激发对化学的学习热情。因此，"磁性化学"的概念诞生了。

一、"磁性化学"的内涵

"磁性化学"是还化学原貌，让化学成为鲜活的化学、有趣的化学、易学的化学、有用的化学的一种教学理念与实践。

（一）鲜活的化学

化学不只是写在书本上的知识，在我们身上、身边无时无刻不在发生着一个个化学反应。我们离不开化学，化学是你，化学是我，就像北大校长、著名的高分子化学家周其凤在《化学是你,化学是我》的歌词中写到的"父母生下的你我,是化学过程的结果。你我的消化系统,是化学过程的场所。记忆和思维活动,要借化学过程来描摹。你我的喜怒哀乐,也是化学神出鬼没。"

看,化学和我们如此密切,离我们如此之近。在我们的厨房中,有着更多的化学知识等待我们去发现。把化学课堂搬进厨房,从开门七件事——柴米油盐酱醋茶讲起,从化学的角度重新认识醋、盐、酒等生活中的物品,生动地展现了化学的生命力,书上的知识与生活中的实物相对应,让学生真正了解化学是活的,使学生的认识变得丰满。

(二)有趣的化学

化学学科充满了魅力,是因为化学现象很美,物质结构很独特。化学中充满了好奇,诱你去想象、去创造。

化学现象很美,充满了好奇。如溶洞中千奇百怪的钟乳石,节日夜空五彩缤纷的焰火,人们身上漂亮的服饰……都是化学创造的美。在课堂上,化学现象是丰富多彩的颜色、立体多样的形状、多姿多彩的变化,给学生美的感受。镁在空气中燃烧,发出耀眼的白光,细铁丝放在空气中灼烧时只是红热,而在氧气中剧烈燃烧,火星四射……美丽的现象总是激起学生的惊叹。在教学过程中,引导学生对物质颜色、状态、气味等现象进行感知,使学生充满了好奇,从而可以激起他们的求知欲望。当学生为氢氧爆鸣而欢呼时,为分子的运动而疑惑时,为启普发生器而新奇时,要允许学生的"大惊小怪",赞赏他们的"奇思异想",这样他们的感知会变得更加敏锐,想象会更加丰富,思维会更加活跃。

物质结构很独特,诱你去想象。如:金刚石很坚硬,是因为金刚石中每个碳原子与周围的碳原子成键,呈正四面体排列,缔造了金刚石的坚硬,而石墨软,是因为它的结构是六边形的网状碳原子平面层状结构,一层一层地叠在一起。尽管它们是由同一元素形成的单质,性质差异却很大。

金刚石打磨后的钻石十分璀璨,让人赞叹,而石墨的耐高温也让人佩服。要让学生透过现象看到本质,感受分子、原子结构中无所不在的对称、稳定、均匀、平衡,激发学生对和谐的追求和创造。

（三）易学的化学

化学会不会很难学？不会。只要有兴趣，掌握方法，学生一定会觉得化学又好学、又好记，化学成绩也一定会是最棒的！

从认识元素开始，记忆元素的化合价，不如来首口诀"钾钠银氢正一价，钙钡铜镁锌正二，氟氯溴碘负一价，二、三铁，二、四碳，铝正三，氧负二，二、四、六，硫齐全。"读起来琅琅上口，易诵易记，节约时间，效果显著。

再如地壳中各元素的百分含量，前三位是"氧、硅、铝"，可用谐音"养闺女"来记；又如黑色金属铁、铬、锰，可用谐音"铁哥们"来记。

实验室制氧气的七个实验步骤可浓缩记为："查、装、定、点、收、离、熄"，我们也可以把它用谐音"茶庄定点收利息"来记。

氢气或一氧化碳还原氧化铜的实验操作是：实验开始时，先通气体后加热，实验结束时，先停止加热再停止通气，因此可会意记作气体的"早出晚归"。

金属活动顺序为：钾、钙、钠、镁、铝、锌、铁、锡、铅、氢、铜、汞、银、铂、金，可用谐音"嫁给那美女，锌铁锡铅轻，统共一百斤"来记。

看，化学是不是好记又好玩？

（四）有用的化学

为什么要学化学？化学有用吗？这些问题一定会在同学们的脑海中浮现，答案是当然有用！瞧！衣食住行这几个方面处处有化学的身影。衣：衣服有化纤面料的，是化学有机合成的。还有其他面料的，如棉、丝、皮等，是纤维素和蛋白质等化学物质经过化学反应的结果。食：各种食品添加剂、调味品的制造都离不开化学。住：各种建筑材料、装饰材料等的制造，哪样能离开化学？行：汽车使用的燃料是化学反应的结果。这样看来，化学渗透了生活中的方方面面，我们的生活哪样能离得开化学？

二、让化学课堂成为"强磁场"

既然"磁性化学"让人着迷,何不让"磁性化学"发挥得淋漓尽致,让我们的化学课堂充满磁场。如何让化学课堂充满磁场呢? 孔子曰:"知之者不如好之者,好之者不如乐之者。"把学生视为接受的容器,这样的教学会使得课堂教学变得乏味、机械而无情感。这样的课堂很难充满磁场、产生共鸣。要想让化学课堂充满磁场,完全取决于教师的精心备课。课堂教学的设计要考虑不同教学方法的组合,过于单一会使学生产生倦怠感。所以课堂教学的设计可以通过讲授、叙述、图解、演示、实验等的结合,以及口述法、直观法、实践法的结合,给人以节奏感,舒急相间。这样,充满磁场的课堂就不难形成了。

(一)精心设计绪言课和引入,激发学生学习化学的兴趣

绪言课是化学的启蒙课,一堂精彩的绪言课一定会为今后的化学课堂增加"磁性"。从化学之美,到化学的"忧国忧民"、"为民服务",学生一定会为自己学习化学而感到自豪。

尽可能从身边的化学讲起,自己身边的事物,学生会倍感亲切,学习动力自发加强。例如,《一氧化碳》一节,一开始,教师提及:吸烟有害健康,原因之一是烟气中含有一氧化碳……如此引出课题,学生的注意力一下子就被吸引了,学习思维立即被激活,课堂学习气氛将会较浓。同理,某些化学概念原理的教学也可从身边的事物讲起。例如,可由扑灭山火引出"燃烧条件";由自来水的生产引出"混合物的分离";在《二氧化碳》一节时,我们可以巧妙地借助"死狗洞"引出二氧化碳的性质,等等。

这一个个"为什么"一定会勾起学生的好奇心,让他们迫不及待地进入神奇的化学世界。

（二）精心创设良好的教学情境，引发学生自觉学习探索的欲望

在传授《化学肥料》一节时，以身边平常的问题——为什么金橘的叶片枯黄稀少，引出课题；以解决问题——购买化肥，展开课题；顺理成章地学习植物营养器官所必需的营养元素；层层递进，因为化肥"眼花缭乱"，学习对化肥进行分类，以及主要几类化肥对农作物的作用；通过计算含氮量，观察识别氮肥标签内容的真伪性，提高学习的兴趣，让学生感受化学"打假"的乐趣；在找化肥店老板"理论"给假肥时，学习碳铵受热分解，了解在阳光的暴晒下，化肥会失效；从与化肥店老板的对话中，了解到硝铵猛烈撞击会爆炸，所以一定要小心存放；再次找老板"麻烦"时，知道科学合理使用化肥的重要性，如，硫酸铵不能长期使用，会增加土壤的酸性，铵态氮肥不能与碱性物质混合使用，否则氮肥就失效了。由浅入深，铺设台阶，教学环节环环相扣，"问题麻烦"一个接一个，引人入胜却又温故知新。

在介绍碳酸钙和碳酸氢钙的相互转化问题时，是这样把学生引入"桂林山水甲天下"的美景中的："你到过桂林吗？你见过溶洞吗？那倒挂的石钟乳，那挺拔的石竹、石笋，那千奇百怪的石狮、石猴，那形态各异的飞禽走兽，显示出大自然造物的神奇！那么它究竟是怎样形成的呢？当你走进溶洞，目睹那壮丽景观的时候，你能否自豪地宣称，自己已经懂得了其中的化学原理呢？"

化学就是生活，生活也有化学。通过各种情境，让化学无处不在，让化学课堂充满磁场。

（三）注重介绍化学史，增强学习化学的自豪与自信

自从有了人类，化学便与人类结下了不解之缘。从钻木取火、用火烧煮食物、烧制陶器到冶炼青铜器和铁器，都是化学技术的应用。正是这些应用，极大地促进了当时社会生产力的发展，成为人类进步的标志。学习化学史，不仅能让学生感受到化学对世界所作出的种种贡献，还可以让学生学习那些为世人所敬仰的伟大科学家的品质和精神，从化学家们的身上看到他们所具有的个性，学习他们的坚韧毅力以及他们成功

的关键,感受他们的人格魅力。

(四)巧借实验,加深对化学知识的理解与认识

教学中最常见的是外物的刺激,即运用直观的形象,不时地给学生以新的刺激,这样学生才能不断被吸引。"奖励一个趣味实验",学生的胃口会被大大地吊起来。各种意想不到的实验现象,既让学生大吃一惊,又让复杂的化学反应直观好记、易理解。

在课堂教学中,可以根据实际情况,适当补充一些有趣的演示实验,对激发学生的创新思维将会有意想不到的效果。如在上绪言课时,除了做好课本中的几个实验外,还可以增加氨气挥发使无色酚酞试液变红的实验、利用花瓣制作酸碱指示剂的实验等。复习二氧化碳的性质时,不妨补充"镁在二氧化碳中燃烧"、"密闭瓶内的小球胀大"等实验。这些实验不仅让学习充满趣味,也增强了学生对二氧化碳性质的深刻理解,使学生学到更多的知识。

当然,让学生亲自动手做实验比由教师演示、学生观察留下的印象更深刻。这时学生由观看者变成操作者、实验者,其心情之激动、态度之积极、思考问题之主动都是显而易见的。一般来说,操作简单、费时不长、安全可靠、不污染环境的演示都可以改成随堂实验,让学生动手实验,例如"氧气的制取实验"、"氧气的性质实验"、"二氧化碳的制取实验"、"二氧化碳的性质实验"等。这样的课堂能不引起共鸣、产生磁效应吗?

(五)"夸"出来的学习动力,还学生一个自由的课堂

好学生是"夸"出来的,一个充满磁场的课堂,必少不了重要的"磁力",那便是"夸"。在夸奖学生的过程中,学生会变得充满信心,能自由地发表自己的意见,勇敢修正自己的观点。这既加深了对自身经验的理解,又使学习变得丰富而有个性,真正确立了学生的主体地位,促使学生积极主动地去学习。

三、"磁性化学"的条件

要让学生感受"磁性化学"的魅力,首先要在课堂中产生"磁力"(对学生的吸引力),接下来,当然是让学生在这种"磁力"的作用下,不断地被"磁化",直至学生也具有"磁性"。

(一) 增加教师的"磁力"

所谓教师的"磁力"就是教师的道德、知识、能力、水平、态度等综合形成的人格魅力。教师要具有这些综合的人格魅力,可以关注以下四个方面。

1. 要关注自身的仪表。比如,清洁的外表,整洁的套装,饱学的气质,文雅的举止。

2. 要有一定的表演力,如适度的肢体语言、抑扬顿挫的语音、相声演员般的"抖包袱"技巧。教师的表演生动形象,可以丰富学生的感知,促进学生的理解和思维,牢牢地把学生聚焦到教师身上。

3. 要用良好的心情感染学生。教师上课和颜悦色,学生感到可亲可敬,心灵相融,情感共鸣。情绪是思维的"催化剂",学生在好的心情中,心理上会产生愉悦感、满足感,自身的潜力会得到充分的释放,能力会得到更大的发挥。课堂讨论、提问也会增多,学生会亲其师而信其道,学习积极性提高。

4. 要有渊博的知识素养。有道是:"要向学生播撒阳光,教师自己就应是一轮太阳。""要给学生一杯水,教师自己就要有一桶水。"课堂上如果教师能够挥洒其渊博的学识,那么,教师就无形中感染了学生,打动了学生,吸引了学生,使学生折服。

相信如果每位化学老师都能关注到以上四点,教师的魅力一定会"满格"。

(二) 让学生不断被"磁化"

凡铁都有磁性,只是内部原子结构比较凌乱,正负两极互相抵消,故显示不出磁性。若用磁铁引导后,铁原子就会变得有序,从而产生磁性,这一现象就是磁化效应。学生们就像是还未被磁化的铁,用课堂的魅力去感召和熏陶学生,使学生渴望获得新知识、不断地去探究,使课堂教学成为吸引学生的"磁石",想必不久我们的学生也就"磁化"了。这时再不断地给予肯定和鼓励,我想他们渐渐就会变成"永磁体",而不是发生短暂的"磁化现象"。

如何有效地增加新课程课堂教学的吸引力和感染力,激发学生在新课程课堂学习中的浓厚兴趣和积极性,是我们教育工作者当前要努力探索的关键问题。"磁性化学"的目标就是让化学学科更具吸引力和魅力。

课堂寻绎:当化学与厨房邂逅

教学内容:《厨房中的化学知识》

教学目标:

1. 通过厨房物品照片的展示,复习有关物质的性质及用途。

2. 结合生活实例,复习物质间的相互反应、物质的鉴别、物质的提纯等知识。

教学建模:

"磁性化学"旨在教学过程中充分利用身边的日常现象,拉近化学与学生的距离,让他们认识到化学无处不在,感受化学的魅力。课堂上通过"情境导入——生活感知——知识应用——感悟回顾"的模式落实"磁性化学"的主张。

教学过程:

一、情境导入

[提问]开门七件事——柴米油盐酱醋茶,你知道这些和我们生活密切相关的化学知识吗?

[讨论]学生与老师共同举出柴米油盐酱醋茶中的一些与化学有关的例子。

[举例]如,"柴"——木炭的燃烧;"盐"——特指食盐氯化钠;"醋"——小笼包子用它沾沾,酸碱中和更好吃。

【设计意图:展示柴米油盐酱醋茶这些生活必需品的图片,让学生感受到化学和我们如此接近,化学就是生活,生活离不开化学。】

二、生活感知

1. 燃料。

(1)煤炉中的化学变化。

[提问]你知道煤炉中发生了哪些化学变化吗?

[动态图展示]底层的煤与氧气充分反应,生成二氧化碳。这些二氧化碳被鼓风机往上送,与中层高温的煤发生反应,生成了一氧化碳。又不断往上吹,与外界的氧气接触,充分燃烧。这样形成了煤的充分利用。

【设计意图:利用动态图将复杂的化学变化一步一步呈现,这样学生能够更直观地认识煤炉中物质的变化,顿时觉得化学生动又好学。】

(2)煤球与蜂窝煤。

[提问]你知道煤球和蜂窝煤哪个更好吗?为什么?

[图片展示]比较煤球与蜂窝煤。

[回答]蜂窝煤增大了煤与空气的接触面积,燃烧更充分。

(3)管道煤气与天然气。

[提问]为什么现在都改用天然气了?天然气的管道为什么比煤气管道要粗?

[回答]煤气的主要成分一氧化碳有毒,所以改用天然气更安全。天然气与氧气反应,比一氧化碳与氧气反应所需的氧气质量多,所以天然气管道要粗一些。

2. 纯碱——纯碱的性质与用途。

[讲述]纯碱是盐不是碱,但是纯碱溶液有碱性。纯碱的这种性质,使它在生活中发挥了很多妙用。

[图片展示]和面时加入纯碱、灭火器中有纯碱等。

【设计意图：厨房是学生们比较熟悉的地方,通过观察厨房中的这些常见物品来复习其中一些物质的性质,学生更容易接受。比如,"纯碱"二字听起来让人望而却步,但与生活一联系,便亲切可爱多了。】

三、知识应用

1. 食醋——巧用醋,解难题。

[讲述]热水瓶内胆里难去的污垢,只要用食醋浸泡上几天,不用擦,自然去除。

[提问]想看看电影《天下无贼》里黎叔剥好壳的生鸡蛋吗?

[实验]用食醋除去生鸡蛋蛋壳。

【设计意图：从化学的角度重新认识食醋,有趣的实验能与电影特技相媲美,学生既学到了新知识,又知道了食醋的一种新用途,还觉得化学很有趣。】

2. 食盐。

(1) 食盐与纯碱的探究。

[提问]大家听过"夏天捞盐冬捞碱"的说法吗?

[讲述]这里的"盐"是食盐,"碱"就是纯碱。根据它们的溶解度受温度影响产生的变化,利用冬天温度低,降温结晶析出纯碱,利用夏天温度高,蒸发结晶析出食盐。其实,这句话说的就是晶体析出的化学原理。

(2) 区分亚硝酸钠和氯化钠。

[提问]从外观上看,两者非常相似。但是,如果误食了工业用盐亚硝酸钠的话,那就很危险。怎么分辨呢?

[展示方程式]亚硝酸钠和氯化钠两者与盐酸反应的对比。

[回答]用化学方法就可以啦！只要加入一些稀盐酸,真假食盐马上见分晓。

【设计意图：吃盐也会中毒的真正原因终于水落石出了,学生感受到不是化学可怕,而是不懂化学的人愚昧、利用化学做坏事的人可憎。】

3. 酒。

（1）毒酒——工业酒精"甲醇"。

[提问]为什么喝假酒会失明？

[回答]假酒里掺的工业酒精中含有甲醇，而真酒里是乙醇。听上去像两兄弟，但前者害人不浅，它毒害人体的神经系统，严重时可导致失明和死亡！

（2）检查司机是否酒后开车。

[图片展示]交警是怎么用简单快速的方法检测司机是否酒后驾车的？

【设计意图：用化学的头脑武装自己，让自己不再愚昧，再次证明化学是鲜活的，是有用的，生活里有化学，化学就是生活。】

4. 鸡蛋壳——探究鸡蛋壳的主要成分。

[实验]探究鸡蛋壳的主要成分。实验药品：盐酸、澄清石灰水。

[提问]哪些物质中含有碳酸钙？

[图片展示]华表、珍珠、贝壳、鸡蛋壳、水垢等。

【设计意图：让学生知道许多外表看上去不一样的物质在化学世界里的化学组成一模一样。】

四、感悟回顾

爱生活，爱化学。

【设计意图：让学生感受化学近在咫尺，只要我们做个有心人，就能发现身边很多有趣的化学现象。】

教学之道：化学与生活如同鱼和水

本节课结合教学《磁性化学》开展初三专题复习《厨房里的化学知识》。初三学生进入了紧张的待考阶段，为调节紧张气氛，同时复习学生平时最不重视、最容易疏忽的知识点，也让化学回归生活，故开设本节课。"磁性化学"，是想让化学学科更具吸引力和魅力。

本节课中，设计了较多与生活相关的化学知识点来体现"磁性化学"，关键是"近"、"宽"、"亲"、"动"、"萌"五个字。

一是"近"。化学知识与生活之间的距离是如此之近。比如厨房中的燃料、食用纯碱、食醋、食盐、酒、鸡蛋等，它们的主要成分，学生都可以用所学的化学式来表示。化学与生活的距离瞬间拉近了，学生们会觉得化学并不是写在纸上、印在书上的一串串符号与文字，而是身边处处可看、可接触到的物质。

小时候冬天取暖时，一定有这样的经验：常常看到父母长辈烧木炭时把窗户打开，偶有听到烧炭时发生中毒的事件，还有小商贩烧煤球炉时喜欢用湿煤等。这些身边的故事可以用化学来解释，可想化学是多么地贴近生活啊！

二是"宽"。化学的"触角"涉及生活中的方方面面。瞧：检查司机是否酒后驾车归化学管，打假查处假酒也是化学的职责。其实，酒和假酒（甲醇）在化学里是"同根同族的兄弟"呢。虽然都披着"醇"的外衣，但经化学家的法眼，谁是兄谁是弟一清二楚，这利用的就是物质间的反应。

三是"亲"。化学就像是一位和蔼的长者，让人感到很亲切、不陌生。这不，厨房中的柴米油盐酱醋茶，你哪一个没听过，哪一个感到陌生？它们都是化学物质，或者说自然界中的任何物质都是化学物质，包括我们人类。想知道我们吃的鸡蛋，它的外壳是什么成分吗？其实，它和大理石、石灰石的主要成分是一样的。纯碱听起来让人望而却步，但是一旦和面包、饼干联系起来，便亲切可爱多了。在化学看来，其实很多物质从元素角度来说，它们的组成是一样的。化学瞬间让我们觉得，世界万物和我们亲密无间。

四是"动"。化学研究的主要对象就是物质的变化。调味品食盐和冒充食盐的有毒物质亚硝酸钠，通过化学变化，真假李逵马上见分晓。想知道煤炉中煤炭是怎么从黑色一步步发生变化的吗？通过化学实验栩栩如生地还原炉内物质的变化，既清楚明了又学到了知识。这样的案例生动活泼又长知识，学生们一下子就记住了。

五是"萌"。化学也能引领时尚。最近，有一个网络流行词"萌"在学生中使用频率很高。在生活中，也能看到"萌萌"的化学。白酒中的酒精和食醋中的醋酸，它们都是有机化合物，如果同学们手拉手来扮演碳原子与氢原子以及它们之间的化学键，这样展示出来的分子结构示意图，可好玩了！还有，你知道化学系的男生是怎么用化学语言向心仪的女生表达情感的吗？化学也可以是萌萌的，学化学的人也很可爱，你学了就知道了！

磁性化学把化学的"近"、"宽"、"亲"、"动"、"萌"体现得淋漓尽致，一起来参加吧！

（章亮琼）

第 05 章

让每一个孩子释放天性

体育教学是一门艺术，它在锻炼身体的基础上，美化了自身，实现了身体美与精神美的有机结合。让体育课的内容丰富多彩，将形式多样的锻炼项目组合，配合以动感的音乐，让孩子们更好地融入课堂，让学生觉得体育课不枯燥。一句话，体育是一种享受，是一种以情感教学为导向的教学智慧。

文化基因：变教为诱，变学为乐
课堂寻绎：创设情景，享受体育魅力
教学之道：让课堂教学变得活跃起来

文化基因：变教为诱，变学为乐

享受体育，是在体育教学过程中通过多种科学方法调动学生的积极性，让学生在体育学习的过程中，激发学习兴趣，培养学习的自主性、能动性，让学生积累良好的体育学习和运动的情感体验，促进学生的身心健康发展。体育课可以围绕学生兴趣来设计，改变传统的体育教学形式，为学生营造一种轻松愉快的氛围，让学生由无趣到有趣，由有趣到兴趣，由兴趣到享受。

一、改变思路：精选内容，让体育有趣

学生对于体育课的态度很大原因在于学什么、怎么学，比如对于教材内容里的跑步和武术课程兴趣度比较低，但对于球类和技巧类的项目兴趣相对较高。课上教师可以明显感受到他们不同的态度。因此，改变传统上课思路，精选教材内容并灵活使用教学手段尤为重要，可以此激活学生的运动因子、活跃课堂气氛，让体育有趣。课堂教学中可根据学生需求，结合教材内容和实际场地条件安排合适的活动器材，让学生既能学到知识、锻炼身体，又让他们感受到运动的快乐并充分享受运动过程。如在跑步训练中使用报纸、障碍跑道、趣味耐久跑等提高学生的训练热情；在投掷项目中利用纸飞机、软皮球、飞碟（飞盘）等进行导入练习；将篮球当做"活动靶"运用到投掷练习中，两人一组，一人将球反弹起，另一人用手上的篮球击打反弹起的球（还可改变成各种形式）等。在同一活动、同一教材中承载着不同的教学内容，两者结合让体育变得有趣，从而进一步激发学生的好奇心和兴趣，使他们在玩中学、在乐中学。

二、改变方法：引导参与，让体育转身

在体育教学中学生的运动参与意识影响着学习效果，课堂中使用情景教学和故事教学可引导学生在运动中扮演各种角色，变被动应付为主动参与，让体育转身。

良好教学情境的创设可以先从语言调动入手。导语既要妙语连珠、简明扼要，还要有启发性、渲染性和挑战性，这样才能牢牢吸引住学生的注意力，达到最佳的引导效果。其次，在活动设计方面，要根据场地的条件、学生活动的队形、活动的内容等需要，为学生创设一种富有激情的、新颖的学习情境。在教授武术课程时，先给同学们观看传统武术视频资料，用小故事营造武术氛围，在动作教学中以形象的语言让同学们记住动作名字并领会要点，如口诀"掌是一扇门，拳是一个锤，勾是倒弯勾"。另外教师可引导学生扮演武松、张飞、关羽、李小龙等知名人物，设计"擂台比武"的教学环节，让学生进行摆招式比赛，进行评判，以此调动学生积极性。在篮球训练中为激发学生兴趣，我采用"呼啦圈灌篮"的方法，改变篮圈高度，增加篮圈直径，让男女生都能像篮球明星般空中扣篮，体验到灌篮的快感，让训练变得花样多多，乐趣多多。另外在枯燥的耐力训练中，我引入军队作战训练模式，设置障碍和陷阱，以组为单位，设定时间看哪个组最先完成上级任务，在队员的互相帮助和鼓励中，最难受的耐力跑也变得轻松很多。跑完后再回味跑步过程，学生成就感十足，脸上都洋溢着成功的喜悦，团结合作的精神得到培养和体现。

三、改变形式：创新载体，让体育变身

传统的体育教学模式是教师动作示范和学生重复的身体练习、课堂理论学习，让学生通过视觉和听觉去获取知识。随着科学发展的日新月异，出现了很多现代化的多媒体教学器材和设备，我们可以从学生的感性认识出发进行动作示范，用真实版的人

体模型给学生演示和接触,或用电子产品 iPad 等进行直观教学,使学生在有限的时间里获取更多的知识,提高教学效率。现代化体育教学极大地丰富了教学内容,化抽象为具体,变复杂为简单,形声结合,使教学由被动变主动,活跃学生思维并加深其对知识的理解。教师创新教学载体,使其形象逼真,并通过精炼的解说,让学生掌握知识、形成技能,同时学生可以发挥想象对知识进行融会贯通,结合身体练习使学习效果更好。创新的教学形式一方面提高了学生的学习兴趣,使学生易学易懂、印象深刻,一方面增加了体育课的科技含量,让其变身为更有探索意义的课堂,帮助学生用更科学的方法主动参与体育运动锻炼。

四、改变心态:巧用激励,让体育快乐

激励是体育老师常用的教育手段之一。现代管理学研究结果表明,以激励的语气和同学们交流以及布置任务,可以充分激发学生的荣誉感,使他们的能力得到进一步的发挥。在教学过程中,教师巧妙运用激励手段,能够有效地提高学生学习的自信心,激发学生的学习兴趣。爱玩是学生的天性,每个学生都有自己的独特个性,既要完成教学任务,同时还能让孩子们玩好,是我们教师面临的挑战。巧妙运用激励手段,可以在有秩序地组织教学的同时满足学生的心理需求,使学生玩得高兴,练得开心。

一是运用激励的语言。当学生遇到困难时老师充满力量的一句"加油!坚持!"、"你能行!"会让他们鼓起勇气战胜困难,完成任务并享受体育运动过程。当学生有进步时,老师的一句"你真棒!"、"老师以你为荣!"可唤起学生更多的热情和荣誉感,激发学生的信心,使学生享受运动的乐趣和成功的快乐。

二是巧定激励制度。在教学过程中事先与学生约定好,当学生练习达到一定的程度后,奖励更有趣的练习内容和方法,如身体素质好的同学提前完成学习任务时可以选择指定的器材进行自主运动或升级为"superman"(超人),运动基础稍弱的同学在完成任务时可以找一个"superman"(超人)帮忙,两人一起完成任务,教师奖励双倍的练

习器材或时间。如此,同学们在完成任务时畏难情绪会弱化,心态完全改变,由胆怯变得好学,敢于尝试新项目,尤其是找到 superman 后他们收获的快乐也是双份的,整个过程充满了友爱和欢乐,这不仅增强了学生完成任务的自信心,更增强了同学间互相合作、团结共进的能力,让每一个学生能够学有所成、学有所获,使体育课堂焕发新的活力。

课堂寻绎:创设情景,享受体育魅力

教学内容:《快速跑》

教学目标:

学会前后摆臂跑成直线,发展速度、力量等素质,体验学习和成功的乐趣。

教学建模:

享受体育,是在课堂教学中改变传统方式,用创新的教学方法创设各个情景,带领学生走进体育世界,让他们融入到体育运动项目中,练就强健体魄,感受运动带来的激情和活力,享受成功的喜悦。本课堂通过"入境——挑战——创造——分享"的教学模式来使学生享受体育运动的快乐。

教学过程:

一、入境

学生分组开展"贪吃蛇"游戏,活动开身体关节,进入运动状态,营造快乐的氛围,产生快乐的情绪。

【设计意图:学生在刚开始上课时往往情绪不高,身体还没调整到运动状态,游戏的方法可以引发学生的运动兴趣,因此,在这个阶段,教师要结合教学内容科学地设计游戏,带领学生活动身体,调动上课情绪,为后面的教学打下良好基础。】

二、挑战

技能学习中，"好的开始乃是成功的一半"，使用多种器材的腿部练习不会让学生感到枯燥，反而会让过程充满趣味和挑战性，激发练习兴趣，让学生在享受学习的过程中提高身体素质。

【设计意图：教师在基本部分有意识地创设故事情节，布置场地器材，营造情景氛围，激发学生的体育兴趣，使学生产生挑战心理，注意力进入最佳状态，在教师设置的情景中完成身体练习，并认识到体育课是健身、学本领的快乐天地。】

三、创造

我改变传统的简单重复练习，将素质练习里的俯撑画圆、俯卧车轮、十字跳格、跳短绳进行组合和搭配，辅以动感音乐形成新的训练内容，让学生乐在其中。

【设计意图：学生往往对体育课上传统的教学方法不感兴趣，没有新鲜感。如何让学生乐学？这就要求教师在教学设计时根据教材内容灵活采用训练方法，创新教学形式，让学生在学动作的时候能产生兴趣，在练习过程中感到快乐。】

四、分享

教师在学生完成学习任务时采用展示技能和比赛等方式提高学生的快乐感，如30 米小组快速跑竞赛、变距竞赛等。

【设计意图：在此过程中兼顾男女生差异，让每个学生都有展示的机会，通过展示和比赛，分享成功的喜悦和快乐。】

教学之道：让课堂教学变得活跃起来

体育教学是一门艺术，它在锻炼身体的基础上，更美化了自身，通过智慧的实践可以使身体美与精神美相结合，达到良好的效果。这节教学实例中，在快速跑教学的准备部分,用慢跑和行进间准备操让学生充分活动开身体,用"贪吃蛇"游戏调动学生体育参与的积极性,感受体育的快乐。在基本部分之前教师设计从低阶到高阶的提问,然后让学生带着问题进行练习,请学生回答并从中引出"步频和步幅"的概念。之后对各个环节的技术动作分别进行练习,最后再进行30米直线跑,让学生学以致用,激发学生对快速跑练习的兴趣。

为了让内容丰富多彩,让学生在体育课上的练习不枯燥,在安排步频、步幅练习时可改变传统的原地练习,改成以组为单位的格子比赛,使形式更加灵活,在保证运动量的情况下更好地激发学生的主观能动性和对体育课的参与积极性及拼搏精神,达到寓教于乐的教学目的。"踩蛇尾"游戏让学生的运动状态得到调整,孩子们在欢乐的笑声中逐渐恢复体能,同学间的友情也在游戏中加深。在素质练习环节,将形式多样的锻炼项目组合,配合以动感的音乐,让学生更好地融入课堂,乐在其中。

通过各种不同的情景及训练内容,学生的运动能力得到了一定程度的提升,大部分学生比较喜欢以游戏形式出现的练习,喜欢在游戏中尽情地奔跑,如在"踩蛇尾"中,学生在一定的范围内玩得不亦乐乎。由此可见,教师如果能在体育教学过程中适当穿插一些趣味游戏,体育课的课堂气氛会更活跃。

作为体育教师,我通过教学实践和平时的观察和反思,发现有些环节可以加以改进。第一,体现科学性:体育课的内容要科学安排,统筹兼顾。练习中对运动负荷和学生的协调发展要采用科学的方法,练习内容手段的选择上也要符合年龄特征。第二,强调针对性:教学策略选择得当,教学活动因人而异。既能提高教学效果,同时也有助于预防运动损伤,如分组快速跑时,若组织不好就易出现伤害事故。第三,突出能动性:注意调节学生情绪,激发内能。利用游戏的方法,用生动的语言和动感的音乐充分调动孩子们的积极性,寓教于乐,让课堂教学变得活跃起来,在快乐的氛围中完成教学内容和目标。

（杜　丹）

第 06 章

让语言教学"萌萌的"

"萌"英语的教学理念旨在将能调动起学生各种感官体验的多媒体技术、形式丰富的教学活动以及热情多彩的西方文化融为一体，营造出一个"萌萌的"英语学习氛围，让学生在多样且充满乐趣的情境中自然习得语言，从而提升学生的学习品质。

文化基因：英语教学也可以萌萌的
课堂寻绎：在"萌"中感受英语的魅力
教学之道：情境，让课堂更"萌"

文化基因：英语教学也可以萌萌的

在课堂教学中，运用各种方法使得英语课堂变得生动、有点"萌"，无疑会为实现"高效课堂"涂上浓重的一笔。"萌英语"的使命是创造充满"萌"元素的课堂，从多角度激发学生学习英语的兴趣，通过各种为学生所喜爱的途径和方法"萌"到他们，使孩子们真正爱上英语学习。

一、"萌英语"是一种教学理念

"萌英语"的核心是以多元化的角度和视野开发学生的学习潜力，将课本知识与生活实际相结合，转变教师角色，把学习的主动权交给学生，使学生的主观能动性最大化。

"萌英语"是一种学习方式，它由传统的被动接受式学习变为主动提交式学习，学生不再接受填鸭式的教学，而是成为课堂的主体，教师不再死板地讲授知识点，而是让学生采取主题式的学习；它由固定坐姿式学习变为游动搜集式学习，学生不再固定于某个座位听讲整堂课，而是根据需求自由合作、探讨问题、参与教师组织的游戏等有趣的课堂活动，实现说和做的最大化。

"萌英语"的最终目的是打开英语教学的全新空间，让英语学习更生动活泼，让学习过程更贴近生活，更为孩子们所喜闻乐见。

二、英语教学要"萌"、要"潮"

　　首先，我们要明白，小学阶段英语课程的任务是激发和培养学生学习英语的兴趣，发展学生自主学习的能力和合作精神，使学生掌握一定的英语基础知识和听、说、读、写技能。兴趣是打开知识的大门。在生动有趣的英语课上，学生学得轻松愉快，教学效果也会随之理想；相反，枯燥乏味的课堂所呈现的效果也只会差强人意。

　　然而，受传统教学模式的影响，教师在学生面前永远是权威，居高临下。严师出高徒，众多教师为了努力出高徒，一进教室就俨然是一副严师的样子。所谓"师者，所以传道授业解惑也"，课堂教学成为了教师的"一言堂"，缺少必要的民主与和谐，即使是传道、授业、解惑，也是以书和标准答案去束缚学生。如果课堂上只有老师照本宣科式的讲解和学生一知半解的被动接受，那么学生的学习主动性就会大打折扣，教学效果必然很差，这样学生的各种能力都会受到严重的束缚和压抑。

　　因此，教师若是能营造一个"萌且潮"的课堂氛围，便能给学生以轻松的感觉，可以开启他们的智慧、提升思维能力。因此教师要幽默、要"潮"，要让学生觉得"这节课上得真快，真有趣"，从而增强教学效果。恩格斯说过："幽默是具有智慧、教养和道德上的优越感的表现。"恰如其分地把幽默元素引入课堂，会使我们的学生从被动状态变得积极主动，使学生乐于去学。良性的师生互动能够激发、培养学生的学习兴趣，活化课堂，提高学生的学习水平。教师要善于借助幽默的语言、"萌萌"的教学设计以及"潮味"的教学方法去创造富有激情的课堂。

三、将"萌英语"进行到底

　　"萌英语"包含了四个方面的要素：技术、活动、氛围和文化。这四方面有着密不可分的联系，也是每个教师需要统筹思考的问题。唯有将先进的技术恰如其分地运用于教学中、将丰富多彩的活动渗透到课堂中、将浓厚的英语氛围融入学习环境中、将多元的文化引入到班级中，才能真正调动起学生学习英语的兴趣，从而使学生的学习化被动为主动，缔造有效课堂。

1. "萌"在技术。

首先，充分利用实物教具，这是创设情境最直接、最经济和最有效的手段，它能使英语课堂教学形象化、趣味化、交际化。以一堂主题为"Western Holidays"的英语课为例，在上课前，我准备了一棵小小的圣诞树，并用一些窗花、彩绘喷雾等装饰、布置教室，使整个教室的节日气氛看起来相当浓厚。在教授"decorate the Christmas tree"这一词组时，我组织学生们用一些铃铛、星星饰物、小彩灯等布置事先准备好的这棵圣诞树，在实际语境中操练新授词汇。在教授新句型"What do you want for Christmas? I want a . . . for Christmas."时，我出示了一个圣诞帽并扮演圣诞老人，让学生们更直观地看到这个童话故事中才出现的人物及其特色。学生在这种情境下便非常自然地用新授句型说出想要的圣诞礼物。之后，我还邀请了几个学生模仿圣诞老人给其他同学发礼物，这些礼物都装在事先准备好的非常具有圣诞特色的长筒袜里。这个长筒袜教具也收到了很好的效果，增加了趣味性。我们知道，以汉语为母语的学生最初接触英语时，都免不了把汉语作为英语与所表达事物的中介，这实际上还是在用汉语进行思维。充分利用各种教具直接比照英语的词和句，则可以避免这种心译过程，如此便缩短了英语与所表达事物的距离，加快了教学的节奏。应当注意的是，教具要灵活多变、丰富多彩，教师既要有备而来，预先准备好一些实物或图片，又要善于临场发挥，捕捉"道具"，如学生的文具、衣物、现有的设备、景物等，并辅之以简笔画。这些实物教具都可以让学生对课堂主题有更为直观的感受，教学效果不言而喻。

其次，充分利用现代化多媒体技术，使学生多看、多听，获取最大的信息量。学生从录音机里能听到纯正地道的英语口语、绘声绘色的故事描述和对话，这能帮助他们在模仿中潜移默化地提高英语语感。通过 PPT、视频、音频，创设接近于真实场景的情境，使学生更为真切地融入语境之中，自然地运用所学语言在此情此景中交流。例如在教授以交通工具为主题的课时,我会给学生听一些音频,让学生去猜这些分别是哪种交通工具发出的声音,这样既吸引了学生的注意力,又生动地展现了所教内容的特点,是一种简单有效的方式。另外,利用视频创设情境、辅助教学也是一种较为生动有效的方式。例如在我准备一节主题为"Visiting a fire station"的区公开教学展示课时,我就在想,消防站其实离学生的生活比较远,平时很难接触到,要如何让学生自然不死板地学习相关内容呢?我们没办法直接去参观消防站,那最可行的方法就是观看消防员日常工作的视频了!因此,我找了一个专门介绍消防站的视频,里面不光介绍了消防站里的各种设施,而且还介绍了消防员每天的生活安排,以及如何在消防行动中进行作业。这样,学生就很直观地了解到了这个相对远离我们实际生活的场景。在这堂课的最后,我还播放了一个 Flash,它演示了怎样正确地应对火灾。真实的情境创设不仅帮助我们教授特定的知识点,取材得当的话还能起到情感教育和生命教育的作用,一举多得。

2. "萌"在活动。

课堂活动设计极为重要,受孩子们喜爱的课堂一定是"萌萌的"、活泼的、生动的。在日常教学中我发现,唱英文歌曲也是孩子们非常喜爱的一种学习英语的方式,这种教学方法特别适用于小学生,孩子们的天性就是喜欢唱唱跳跳。例如在"Western Holidays"一课中,我让学生们在 warming up 阶段唱了一曲"We wish you a Merry Christmas",这首歌具有强烈的圣诞氛围。先把学生带入这个节日的欢乐气氛中,然后再展开教学,整个过程自然流畅。

此外,我发现表演英语小品等方式也能起到助学的作用。如两年前,在我校六一庆祝活动中,我组织学生表演了一出以圣诞节为背景的音乐剧。教师根据学生现有的英语水平创作合适的台本,将歌舞、对话等表演形式融合在一起,丰富生动地呈现了一出原创音乐剧。学生从排练起就非常有兴趣,他们在此过程中学到了新的英语歌曲和词句,更主要的是对西方的节日文化有了深刻的体验。

在平日的教学中,我们表演英语短剧的机会也许不多,但在课上进行简单的角色扮演、表演对话是完全可以实行的，这种形式深受学生们的欢迎。例如在教授"How much is it? It's . . ."的句型时，我给学生创设了售货员和顾客两个角色让他们扮演，学生自己设计对话进行表演。学生们在表演的过程中学会了价格的表达，自然地习得了语言。

3. "萌"在氛围。

在课堂教学之外，也要让学生每时每刻身处于"萌英语"的氛围之中。教师可以在教室布置上下功夫，为同学们制造学习英语的良好环境，例如：

英语知识角：教师平时布置作业时可以让学生多收集一些英语剪贴画、简报等资料，让学生补充英语知识、开阔眼界、丰富词汇量。

英语阅读角：由教师和学生共同准备一些图文并茂的英文版故事或较贴近现实生活的英语读物。我校开设了英语原版书阅读体验课作为教材之外的兴趣开发，毕竟教材是中国老师编写的，是特地为中国学生学习英语而打造的，而原版故事读物则更原汁原味。组织学生阅读并讲解这些有趣好玩的外语读物，这个过程不在乎学生学到了多少单词、句型，而是强调文化的渗透和兴趣的培养。如果能让学生爱上阅读，那么无疑会为其今后的学习带来"正能量"的影响。

英语展示角：教师可以利用黑板报展示班级同学的英语作品、英语简报等。这些都是学习英语的重要补充，让同学们在教室里时时都沐浴在英语学习的氛围中。这里需要强调的是，教师不要怕学生的作品不够优秀，很多教师只展示好的作品，然而我们应该直面自己真实的教学成果，这样才能改进自己的不足之处。同时也让学生觉得，只要是他们自己做的东西，就有机会得到认可，如此才会使学生得到认同感，从而更积极主动地去学，久而久之，他们原本"不尽如人意"的作品也会渐渐进步。

4. "萌"在文化。

在学校的教学之外，教师可以利用各种资源和渠道将英语国家的文化传递到班级中来。例如，教师可鼓励学生们课后去看一些英语节目。当然，不是盲目地去看，教师要针对自己学生的实际水平推荐一些适合他们年龄段和知识水平的英语卡通片、歌曲、小说、音乐、新闻、访谈节目等,以丰富他们的语言知识,做到有目的地看、有条理地学,在这种英语语境中感受西方的文化、综合提高英语听说能力。

总之,英语学习的最终目的是培养学生综合运用语言的能力并提高他们的英语交际能力。将"萌英语"教学运用于日常教学中,对学生自然习得语言和了解英语国家文化有着极为重要的作用,有助于学生提高语言的综合运用能力,为日后的英语交际打下坚实的基础。

课堂寻绎:在"萌"中感受英语的魅力

教学内容:Visiting a fire station

教学目标:

1. To help students learn the words and phrases:fire ladder,fireman's suit and firehouse dog.

2. To help students learn the sentence pattern:Don't ... It's dangerous.

3. To help students get to know a fire station and firemen's daily work as well as be aware of the importance of fire prevention.

教学建模:

"萌英语"旨在开发能够吸引学生的课堂模式,从多角度激发学生学习英语的兴趣、拓宽学生学习英语的途径,发展学生的自主学习能力和合作精神,使他们真正爱上英语学习。本堂课通过多媒体技术、丰富的活动、良好的氛围、浓厚的文化呈现出充满"萌"味的教学,通过"创设情境——以萌激趣——知识内化"的路径实现"萌英语"的教学理念。

教学过程：

一、创设情境

1. Listen to Mr Zhang，repeat and read together：Good afternoon! Welcome to our fire station!

【设计意图：通过猜、听、复述、朗读四个过程巩固旧知："Welcome to . . ."的表达。】

2. Listen to Mr Zhang's introduction.

【设计意图：培养学生听取信息的能力。】

3. Read：fire ladder，fireman's suit，firehouse dog.

Answer some questions about the functions of the three equipments.

【设计意图：通过回答问题检测学生的信息搜集能力，并使其了解各设备的作用。】

4. Peter：Do you like the fire station?

Sakura：Yes，I do. /No，I don't.

Peter：Why?

Sakura：Because . . .

【设计意图：培养学生在语境中的说话能力，同时检测学生对内容的理解程度。】

二、以萌激趣

1. Students ask Mr Zhang some questions about their daily work：

What time do you go to work?

. . .

Watch a video and answer the questions.

【设计意图：通过采访的形式激发学生发问的兴趣，鼓励他们带着问题去看视频并搜集信息。】

2. Watch a video about dangerous behaviors.

Try to use the sentence pattern "Don't . . . It's dangerous. " to tell others not to do dangerous things.

【设计意图：通过观看可能导致火灾的因素的视频，并展示一些防火标志，给学生创设真实的语境，从而训练他们在该语境中的说话能力。】

3. Know what to do with a big fire.

【设计意图：通过观看 Flash，让学生对火灾应急知识有直观的认识。】

4. Read the story and talk about the students' visit to the fire station.

Do you want to visit the fire station?

【设计意图：对整个故事内容进行巩固复习，加深对文本的理解。】

5. Do a quiz.

【设计意图：通过游戏丰富课堂教学的形式，引起学生的兴趣，并检测学生对本堂课所教授知识的掌握程度。】

三、知识内化

1. Read the passage and fill in the blanks.

2. 作业布置：Draw some signs about fire prevention.

Tell parents or friends what they know to prevent fire or do with a fire when necessary.

【设计意图：通过画画的方式强化学生对防火知识的理解，通过与亲朋好友分享来巩固所学的防火常识，并进行学科间的有效整合，传递文化，渗透生命教育。】

教学之道：情境，让课堂更"萌"

将英语作为非母语的语言来学习，需要的不仅仅是词和句的积累，更重要的是培养学生的学习兴趣，从而在一种自然的英语情境中习得这门语言。这就需要我们教师成为多面手，要设计有趣的情境，利用现代多媒体技术拓宽学生英语学习的视野、途径和方法,告别单一的填鸭式教学,把时尚、潮流的教学方法和内容带入课堂,使追求新鲜感、时髦感的学生认可英语课堂,从而接受并爱上英语。"Visiting a fire station"这堂课即是我实践教学主张的一次突破性尝试。

本堂课主要由第二和第三环节来体现我的教学主张。在"以萌激趣"环节中,我设计了采访的情境,通过采访的形式引起学生发问的兴趣,让学生带着问题去看视频并搜集信息。此外,我采用媒体技术制作了一个小视频,展示了一些可导致火灾的危险动作,并同时展示了一些相应的防火标志,给学生创设真实的语境,在更加生动的情境下学习语言,并同时训练他们在语境中的说话能力。然后,我还给学生观看了一个Flash动画,让学生对火灾应急知识有更直观的认识,并教育学生要珍爱生命、远离火灾危险。由于小学生的注意力持续时间相对较短,因此教师需要不时地变化教学方式以吸引他们的注意力。于是,我借助了学生们最喜爱的形式——"游戏"来辅助教学,通过让学生分小组抢答问题、赢取奖品,成功地调动起了学生的兴趣,这也有助于检测学生对本堂课所教授知识的掌握程度。

在知识内化的环节中,我设计的作业是让学生动手画画,通过画一些消防标识强化他们对防火知识的理解,另外我还让学生与亲朋好友分享所学的防火知识,以达到巩固所学知识的目的。

本堂课的教学从词到句再到篇章,较好地体现了活动的梯度性,学生能在语境中理解、提取信息,灵活运用所学知识并在语境中进行适切的表达。我通过各种教学形式,生动地向学生展现了基本的消防安全知识,使学生认识到某些不当行为可能会导致火灾,同时了解基本的火灾应对措施。

当然,本节课也存在许多改进空间,例如课堂活动可以更多样化,教师可以更多地考虑学生的主体地位,给予学生更多自由发挥的空间,相信教学效果会更佳。怎样将"萌英语"的教学理念运用地更加巧妙,是我在今后的教学中需要不断思考和加以完善的。

(戴 维)

第 07 章

让课堂变得感性、鲜活

　　单向度的课堂教学不利于学生成长，打造立体化的课堂是课堂转型的一个方向。立体化的课堂不仅仅关注知识目标的达成，它更在意过程的经历与方法的指导。围绕过程的经历与方法的指导，立体化的课堂着眼学生自己构建知识，自己享受学习的过程，自己感悟方法的价值。

文化基因：关注过程的美术教学
课堂寻绎：享受立体学习的乐趣
教学之道：在"立体"与"平面"之间穿梭

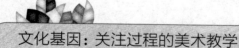

文化基因：关注过程的美术教学

美术课堂不应只重视知识目标的达成，更应关注过程方法的指导。重心在作业成绩的课堂，单维的平面形式不利于学生的成长。故教学实践中，应体现以"学生"为本的思想，在把握教学原则的前提下，充分发挥学生的主体作用和教师的主导作用，建构多维立体形式的课堂教学。关注过程的多维，淡化结果的单维，师生合作，教学合一，取得实效。

一、在教学策略上下功夫

多维立体形式的课堂强调学生由单向的被动接受转为多维的主动吸收。"运筹帷幄，决胜千里"，正确制定教学策略至关重要。

例如：讲解七年级第一学期《具象与抽象》单元时，欣赏的图例丰富、教学的语言流畅、个人的情绪饱满。但课堂中，学生基本还在纠结"这是树吗"、"这是人吗"、"这作品太潦草太无聊"等问题，大家都是"迷茫的来听课，糊涂的来结束"。反思这样的以教师为主体的单维课堂，没有了学生的学习过程，只有教师单向输送知识，当然达不到理想的效果。必须改变教学策略。后来的实践中，从毕加索创作《公牛》的视频入手，接着以幻灯的形式提出问题：是繁琐了还是简洁了？是难画了还是容易了？是毕加索没事找事吗？学生思考后不急于要求他们回答，而是针对毕加索的整个创作生涯做简单介绍，让学生感悟艺术家探索和求新求变的愿望。接着提问三、四名同学，并针对同学的回答和理解的误区，有的放矢地进行剖析。最后学生得出结论：艺术家主张物体的形，以色彩及点、线、几何形体来构成画面，其最终目的是借此表现自己的情感和观念,甚至希望表达某种音乐的感觉。同时领悟康定斯基所说的"抽象的绘画比有物象的更广阔、更自由、更富内容"。

理论课后的实践中,学生选取自己最喜欢的音乐或自定一个主题,创作一幅抽象美术作品。完成作品之前,学生明确作品将传达什么信息,确定作品中的主次。这个过程是学生讨论交流、合作学习的过程。教师通过引导,强调运用美术元素(包括形状、线条、色彩、色调、肌理)评价指点学生,从而帮助学生确立作品的形式。如此,之前的种种迷糊现象全都不复存在了。学生的主动学习其实是"过程"的充足。这个充足的"过程"是自学、质疑、点拨、反馈与矫正。在此"过程"上的学习,学生主动地消化与吸收所学知识,以此创作的实践作品也是有内容、不空洞的。

二、采取独特的教学手段,充分利用《美术过程记录本》

在美术课堂上让每一位学生主动参与每件作品的对话,积极探索表现情感与表现美的方法与途径,激发学生的创作灵感。鼓励学生利用手中的《过程记录本》从所学的知识中、网络所提供的信息中、甚至同伴的交流中记录自己的见解、想法,寻找灵感。记录的学习过程需要强调:创作灵感的来源;艺术创作过程的记录或证据;为了检验方法的适当性所做的实验,涉及到的技术和材料;所做的工作、所采取的措施或方法;各种发现、见解以及对最初意图的修改;对作品的反思,选题的思考。学生运用《过程记录本》来呈现立体化的美术课堂。

"吾思故吾在",过程的记录就是学生思考过程的记录。学生主动思考了,学科维度多元了,美术课堂活动也就有意义了。学生对艺术创作过程进行的记录或为了检验方法的适当性所做的实验,涉及到技术和材料的记录。也可以记录所做的工作、所采取的措施或方法,同时包括各种发现、见解以及对最初意图的修改。这记录的就是学生分析问题的过程,是学生最为重要的学习过程。鼓励新颖的构思,赞赏与众不同的思维,甚至对一些刻意标新立异的做法也小心翼翼地加以保护,但前提是有学生的分析问题的过程这一保证。在"造型·表现"、"设计·应用"、"欣赏·评述"与"综合·探索"的学习领域,都要求如此。

课堂内,教师制定单元教学计划,按程序、按步骤引导学生开展过程性学习,即记录自己发现问题、分析问题和解决问题的过程。在《美术过程记录本》上,"美术达人"记录自己发挥的亮点,"美术常人"记录自己进步的点滴,阶梯渐进地提升学生的艺术素养。同时学生在美术课程中感受与体验科学合理的学习和研究的方法,移情、整合至其他学科,举一反三,学以致用,学有所用!

由此,学生自觉认识到:为了实践自己的想法,利用《过程记录本》画一些草图是非常重要的,有利于对自己的作品进行预判与熟悉。要提前了解、控制色调分配、作品中的亮度等级等,例如:八年级第二学期《入场券设计》,学生预先为特定类的入场券设计色调。运动会的绿色、婚礼的红色、毕业歌会的蓝色、甚至粉丝见面会的偶像的幸运色等等。教师没有用框架去限制学生,要求学生只是简单地思考过程草图,不必去注意太多的细节。尽管任何作品的最终结果都不能被事先确定(学生自身的修改和教师的建议评价都会影响最后的结局),但通过采取"好好计划的方法"和"尽可能的思考",学生可以给自己的创作激情或个性展示添加额外的动力。

课堂外,学生从日常的生活环境中看似平常或不可能的情况中发现潜在的主题,培养记录过程的习惯,延伸立体化美术课堂的维度。

观察要用眼,但更要利用特殊的方法去看待周边的人、事、物。例如:学生观察不同的天气并进行记录与思考,寻找它们之间已经形成的不同的形态和线条,或者对不同画面上呈现的大小变化及色彩的冷暖、纹理上的对比度等进行观察。

写过程记录之所以重要的又一个原因是它可以锻炼学生的能力。记录下每一次学生能想到或可以想到的内容,无论它们是否最终都会呈现。学生不再进行课堂内、课桌前那种凭空捏造的想象,不再闭门造车,他们一旦有主意了、有灵感了,就随时记录下来,养成做一个观察者、素描者的习惯。通过记录、比较、探索,学生能够净化自己的观察意识,使可能的作品素材在自己的眼前较为真实地凸现出来,使之成为同伴或教师评价的基础。

打破学生固有思维的框架与束缚，鼓励学生用各种不同的画笔把问题画出来，让学生换一种形式去思维，学生对问题的设计就会越发感到有趣、轻松。例如：六年级美术第二学期《装饰的秩序之美》单元，首先让学生根据课题《秩序之美》想一想，你对秩序是怎样理解的？请你将身边观察到的秩序用草图的方式表现出来。学生会仔细观察、探讨身边的物体，如窗框、灯架、服装，甚至电器，结果学生画出的秩序多达十几个。这样，对称、平衡、节奏等美术语言的问题结合想象、练笔，让每一个学生都轻松进入学习中去。教师再筛选中心问题，促使学生与已有经验形成强烈的知识冲突，从而激起全体学生对美术活动教学的探索和研究。

课堂后，过程的评价注重学生对作品的反思、对选题的思考。学生的反思必定是围绕着美术语言进行的，也就是造型艺术的基本构成因素，如点、线、形状、色彩、结构、明暗、空间、材质、肌理等，以及将造型元素组合成一件完整的作品的基本原理，包括多样统一、比例、对称、平衡、节奏、对比、和谐等。那样学生的反思就很好地诠释了学习的过程。依据建构主义学习观，学习不是由教师把知识简单地传递给学生，而是由学生自己建构知识。学生不是简单被动地接收信息，而是主动地建构知识的意义，这种建构无法由他人来代替。我希望通过对美术学习过程的强调，美术学习能由被动过程转化为主动过程；美术过程记录本上能由步骤的记录转化为思考的记录；学生能由美术知识情感的接受者转化为一名传授者。

在强调过程的美术课堂教学中，学生的自主探究是学生按照自己的认知方式独立地探究知识的形成的过程。在这个自我解读、自我理解的过程中，学生的学习是个性的、体验的、构建的、创造的，正是这种多维的立体课堂形式促进了学生的成长和可持续发展。美术学习不一定能造就一名美术家，但通过学习过程的强调，能够帮助学生逐步体会美术学习的特征，形成基本的美术素养，为终身学习奠定基础。

课堂寻绎：享受立体学习的乐趣

教学内容：《画面中的空间》

教学目标：

1. 了解绘画中主要的空间表现方法，并理解绘画中空间表现方法的多样性。

2. 通过对焦点透视的感受、理解，巩固透视与立体空间的关系。分析、交流美术作品的空间表现是多元的，无论立体的还是平面的都有自身的艺术效果。

教学建模：

美术课程具有实践性，在目标上更为侧重过程与方法。但美术学习绝不仅仅是一种单纯的技能技巧的训练，而应是一种文化学习，它具有知识面广、综合性强等特点，不能忽略学生整个美术学习活动的过程。立体美术的教学模式是：立体引入→立体赏析→立体创作。

教学过程：

一、立体引入

1. 欣赏油画《村道》。

学生活动：讨论对画面的感受（运用美术语言）。

2. 空间感的概念界定。

学生从纵深感、近大远小等角度进行理解、领悟。教师强调画面中的三度空间是种错觉。

3. 揭题：《画面中的空间》——美术家如何处理空间。

【设计意图：使用平行透视强烈的作品简单地直接导入新课，学生不容易分心，有利于创作积极性的保持，为焦点透视做铺垫。】

二、立体赏析

1. 焦点透视与空间处理。

学生活动：复习,利用平行透视画出立方体。

教师演示：在学生绘画操作时,引领大家完成平行、成角透视。

学生活动：利用 PPT,比较、判断图中的成角透视和平行透视。

学生活动：讨论:是否所有的美术作品都强调立体的空间感;结合插图,分析各种空间表现方法的特点。

【设计意图：小组交流使学生能够自主思考,自主分析,主动地参与教学。学生充分发表自己的观点,提高了创作能力与兴趣。】

2. 中国画的空间处理。

学生活动：感受散点透视(根据画者的感受和需要,移动立脚点作画,即不断变化视点,把见得到的和见不到的景物统统自然、有机地组织到一个画面里)。

教师小结：浅谈传统中西绘画在空间处理上的不同(透视创造出的空间感是利用视觉中的错觉原理,由消失点不固定所致)。

学生活动：讨论:是否这两种形式就没有相互影响或改变呢?

3. 分层空间、分割空间。

学生活动：欣赏书本插图,找出不强调透视的美术作品。

教师结合 PPT,讲解两种空间处理的方法。

（1）分层空间法。

不同的自然空间,在画面上按照一定的次序分层排列,以此呈现空间感（距离感、
进深感）。

（2）分割空间法。

把想要表现的物体根据要表达的主题安排在分割后的画面上,画面的分割要考虑
主题的表达。

古代作品中的分栏空间法与现代美术家的分割空间法的异同:

学生讨论、教师小结：虽然都是将立体处理成平面，但现代作品不强调真实的空间感，更多的是反映作者的内心。

【设计意图：通过不强调立体三维空间感的作品的赏析交流，可以打破学生的一些世俗框架。不再将画面的空间处理理解成单一的立体感，而更加重视其形式感。为理解现代美术打下基础。】

4. 毕加索的立体主义。

学生活动：PPT 展示作品两张，判读美术家。

学生活动：作品中的焦点透视。

教师小结：结合前面的问题——中西方的焦点透视异同点。场景的多个角度、多个侧面并置在画面上。绘画成为自我转化和生成的杂合体。

【设计意图：焦点透视在中西方不同的绘画形式中起到了处理空间的作用。毕加索的作品中又将中西方不同的处理画面空间的手法整合在一起。通过开拓视野，拓展学生的思维。】

三、立体创作

1. 学生实践：临摹一幅利用焦点透视法画成的作品。

教师重点引导学生进一步探讨焦点透视的规律：以视点固定为前提，近大远小。

要求学生每人临摹一幅利用焦点透视法画成的作品。

2. 学习效果展示：

小组分别选一名代表，回答教师指定的问题。

3. 评价：

如果某小组的回答不全面或有误，其他组的成员可以给予补充或纠正。

【设计意图：在交流与点评中感受表现画面空间的乐趣，拓展思路，激发学习动力。在展示作品的过程中，通过自评互评，培养语言能力、交流能力和感悟能力。】

教学之道：在"立体"与"平面"之间穿梭

在以往的美术课堂上，教师往往只对教参中要求的重点、难点进行讲解，只针对某张范画，对作者、创作背景等进行介绍，只是对创作工具、画种的分类等进行分析，只规定学生进行临摹或创作练习，只随机任意点评作业。这样的教学缺少感悟、缺少探究、缺少合作、缺少自主。这样的单维的、平面的课堂教学只是教师自身本事的表现，完全忽视了学生的心理感受和知识的生成性。

《画面中的空间》是一节知识技能较强的课，属"造型·表现"类课型。传统绘画的自然空间走的是一条模仿自然空间、忠实于自然空间、表现自然空间、归纳自然空间、依靠自然空间因素来组织画面的艺术创作道路。在创作中由于追求自然空间的表现，其空间表现起到了组织画面的作用。这种传统绘画的空间是借助焦点透视、明暗法来实现的。而现代绘画的空间观念，追求以绘画本身为目的的"绘画的空间"，创作绘画本身的组织形态，使观者忘掉自我，进入画面，主要以"平面的绘画空间"、"时空的绘画空间"、"非现实的绘画空间"为代表。

这方面的知识，对学生来说是全新的。学生要通过立体美术课堂，强调过程的学习,了解两类空间处理并能够接受它们。将来作画面安排时,不仅要思考体积和光线,还要能够依靠形体的轮廓线占有画面,通过点、线和形状的大小、比例、聚与散及其在画面的位置等来表现出画面的空间。学生绘画或观察物体时没有很强的画面中的空间的概念,要让学生改变观察、思考、欣赏的习惯。从平面到立体,再从立体回到平面,这是一个较大的跨越,必须依靠强调美术学习的过程来进行引导、启发,逐步培养学生对画面中的空间感的抽象思维。

教学实施中,运用"立体引入→立体赏析→立体创作"的立体模式开展教学,使学生逐渐对两种空间手法并存的美术作品能够开始接纳并能够欣赏。使用平行透视强烈的作品简单地直接导入新课,学生的注意力不容易被分散,有利于学生创作积极性的保持,为焦点透视做铺垫。接着进行大量的小组交流,学生自主思考,自主分析,主动参与教学。在充分发表自己观点的同时,强调学习的过程,也为提高他们的创作能力和兴趣埋下伏笔。"立体赏析"中,通过不强调立体三维空间感的作品的赏析交流,打破学生的一些世俗框架,不再将画面的空间处理理解成单一的立体感,而更加重视其形式感,为理解现代美术打下基础。最后的毕加索作品是"立体创作"的契机。学生感悟艺术家将中西方不同处理画面空间的手法整合在一起的方法,在欣赏的同时开拓了眼界,拓展了创作思维。学生的学习兴趣、参与程度得到了明显提高,延伸了教学空间,教学成效的提升非常明显。

但实践过程中,只有一节课的训练与辅导是远远不够的,故在作业环节还是回到了只强调学生能临摹表现三维空间的作品上,并没有让学生表现平面空间或摆脱透视光影,还不能真正体现作业创作的"立体"内涵。作业创作环节还是做不到帮助学生树立多元文化或多元视角,这在以后的环节中应该加以纠正。

只有立足于学生现在和未来的学习,才能使教学富有影响力,才能为学生主体作用的发挥和以后的发展奠定扎实的基础。

（徐　金）

77

第08章

让课堂绽放迷人的色彩

精彩化学是一个教学主张。教师运用智慧和想象,通过引入、实验、语言、多媒体、化学史和生活常识等精彩的教学艺术激起学生的学习热情,激发学生的创造性,让课堂教学充满活力,让学生更加鲜活地体会化学的魅力,这便是"精彩化学"的旨趣。

文化基因:化学,很精彩,很迷人
课堂寻绎:让课堂教学更加精彩
教学之道:每一堂化学课都可以精彩

文化基因：化学，很精彩，很迷人

化学是学生们初三新接触的一门学科，对大多数学生来说，化学是神秘的代名词。很多学生在初学时对化学学科有着强烈的兴趣，但是随着教学课程的深入，这种强烈的兴趣逐渐减弱，甚至很多学生开始厌烦化学。这是为什么呢？究其原因，主要是初三化学课的课时紧张，教学任务重，为了完成教学任务，部分教师开始简单化教学，对化学知识以让学生死记硬背为主，让化学的学习过程变得枯燥无味，忽略了对学生学习兴趣的培养。如何在紧迫的时间里既完成教学任务，又让化学保持神秘感，使学生由被动学习变成主动学习呢？一直以来我研究和尝试的一些教学方法，利用化学独特的魅力，让课堂变得精彩、高效，让学生知道：化学，很精彩，很迷人。

化学从来就是一门神奇而精彩的学科。为什么氢气球能飘在空中而嘴吹的气球不能？为什么会有屠狗洞？为什么牵牛花会有不同的颜色？为什么石蕊会变色？为什么纸张可以燃烧而大理石不能燃烧？……化学这门学科魔幻般地吸引着大家：她有着独特的语言并有别于其他的学科，有着五颜六色的化学变化，有着逻辑推理的思维，从而引领人类进入她奥妙的世界。

徐光宪院士曾形象地将数学和物理比作上游学科，化学是中游，生物学、医学、环境科学等是下游。化学学科作为一门承上启下的科学，已经渗透到各个领域，我们的衣食住行都离不开化学。化学吸引人的地方不光在于它重要，更在于它有其他学科不能比拟的独特之处，它是探索事物与事物之间变化联系的学科。

一、精彩的引入

"导语"也叫"开讲",在一堂课里,教师要敲响这第一声引领学生向"新知"进军的鼓点,就应当"不同凡响",需要作精心的艺术构思。高尔基曾经说过:"最难的是开始,也就是第一句话。如同在音乐上一样,全曲的声调,都是它给予的。"孩子们总是缺少耐心的,因此课堂开始的引入给学生的第一感觉非常重要,应当十分讲究鲜明性和吸引力。

在《二氧化碳》一课的教学中,一般是用教材中"屠狗洞"的阅读教材作为教学的开始,但是有的学生已经自学过,提前看过,对课内的教学内容兴趣不高。一次我引用了一个魔术的录像:将一艘纸船放在一个"空的"玻璃柜中,船居然飘在上方。我抛出疑问,学生马上就展开了思考和讨论,课堂氛围和学习兴趣变得非常浓厚。

例如在学习《空气的组成》时,空气对于学生来说再熟悉不过了,普通的导入不足以引起学生的注意,于是我采用了猜谜语的方式进行引入:"说个宝,道个宝,万物生存离不了,在你身边看不见,越往高处它越少。"一个小小的谜语一下子活跃了课堂气氛,在学生们说出谜底的时候我又抛出疑问:"那你们知道我们人类呼吸需要的气体是什么吗? 它在空气中的比例是多少呢? 今天我们就来学习人类离不开的空气。"趁热打铁的追问,使学生们在亢奋积极的氛围中步入新课的学习。

引入新课时,若能设计切题的引入,将对整节课的教学起到"指南针"的作用,使学生从课的开始就进入了积极的学习状态。

二、精彩的实验

化学学科的特点就是实验,这是其他学科不能比拟的,课堂上可以用实验来吸引学生的眼球。学生的注意力集中于教师的示范操作上,适时的点拨和对化学知识的渗透是非常有效的。大部分的教学是没有演示实验的,教师经常创设精彩的趣味实验会达到事半功倍的效果。

如在讲授酒精性质时,用一块棉手帕,在盛有 70% 酒精的烧杯中浸泡,待均匀湿透后取出。展开手帕,用镊子夹住两角,在火焰上点燃,当火焰熄灭后,手帕完好无损。学生一片哗然、欣喜,注意力大大地集中了。一个奇妙的实验表演,激发了学生探索科学、揭示奥秘的兴趣,带领学生进入了学习的最佳状态。

如在讲授酸碱盐的性质时,引入汽水小炸弹的实验,让学生了解酸和碳酸盐的反应及气体膨胀产生的爆炸,充分认识化学变化和物理变化。当瞬间炸开的小胶卷盒高高弹起时,强烈的视觉冲击让学生对这个实验及其原理记忆深刻,永不磨灭。

如在《酸和碱的性质》的课上,我设计了一组对比实验,先是把无色的稀盐酸喷到用氢氧化钠溶液浸过的白花上,学生看到没有什么明显的变化,从而产生了疑问:两种物质之间可能没有发生什么反应吧?这时,教师又把稀盐酸喷到了红花上,学生惊奇地发现"红花变成白花了",继而又产生了疑问:两种物质之间到底发生了什么反应?适当穿插小实验,有助于激发学生听课的热情。教授《酸的化学性质》中浓硫酸的腐蚀性时,穿插一个蔗糖变"黑面包"的小实验,能使学生听课的激情高涨,自然收到了良好的效果。

三、精彩的语言

前苏联著名教育家斯维特洛夫说过:"教育家最主要的,也是第一位的助手是幽默。"在教师的教学语言艺术中,幽默更是不可缺少的品质,是教学艺术的重要组成部分。在化学教学中巧妙地运用幽默的语言,并因此创造出一种轻松愉快、和谐融洽的教学氛围,能让学生以愉悦的心情去主动、生动地学习。概念教学的课堂往往很沉闷、死板,如地壳中各种元素含量的顺序"氧、硅、铝、铁、钙、钠、钾、镁",单纯地去记忆会比较枯燥,不易记住。我们可以用这样的谐音去记:"养闺女贴给哪家美。"幽默的一句话,既活跃了课堂气氛,又让学生轻松地掌握了知识。又如电解水的实验中,要求学生记住正极和负极分别产生什么气体。对于初三学生来讲,由于还没有学习到反应的本质原理,很容易记反掉。其实,我们只要记住一极的情况,另外一极自然也就忘不了了。对于"负极产生氢气",我们可以先简化为"负氢",谐音为"父亲",这样就很容易记住了。教师在平时应该多记录、积累和发现有趣的和化学有关的事情,这样会让课堂充满生气。

四、精彩的多媒体

如果只是传统的黑板和粉笔的教学,学生势必厌倦这门学科,有时适当地应用多媒体可以有意想不到的收获。在《测定空气中的氧气含量》一课中,我演示了磷测定的实验,但是结果是失败了,这时适当补充多媒体视频,展现成功的实验,加深学生的印象,同时针对我实验的失败让学生参与讨论,得出该实验的注意事项。学生思维活跃、互动积极,产生了意想不到的收获。通过多媒体实验实现了对普通实验的扩充,并通过对真实情景的再现和模拟,培养学生的探索、创造能力,有助于概念的理解和方法的掌握。可见,精彩、直观的多媒体演示,能突破视觉的限制,使学生多角度地观察对象,并能够突出要点,给化学课堂带来不同的收获。

五、精彩的课堂游戏

玩中学是小学及初中低年级阶段的教学方法,符合学生的心理和行为特点。很多人认为年龄大了就不需要这样的教学方法了,但其实初三学生的心智水平也是相对不成熟的,学习生活很单调也很沉闷,尤其是第二学期的复习课,每门学科的教学方法都是以单纯的讲练为主,学生动手的机会相当地少,非常需要通过充满生命力的、多样化的活动来激发学习化学的兴趣和刺激记忆效果。

在《气体的检验和除杂》复习课中，我将各个仪器的装置图片制成了塑封的扑克牌大小，让学生自己"打扑克"，认识并掌握气体的检验和除杂。这个道具和小游戏着实让学生很激动，思维一下子活跃起来，对气体的认知很深刻。

在《物质的知识复习课》时，有很多琐碎的化学知识和概念要求同学记忆，我组织了化学小竞赛"比比看"，以 3 人小组的形式展开比赛，选成绩优秀的同学作为裁判，成绩相当的同学进行必答和抢答，获胜者有小奖励。这个方法既让学生在玩中识记了化学知识，又增添了学习化学的兴趣，使物质知识的复习课提高了效率，让学生由被动学习变为主动学习，学习成绩都有了显著的提高。

在《酸碱盐》的复习课中，我设计了游戏"酸碱盐走迷宫"，在学习单上画上图片，配有化学式，分别有五个小人，它们是酸、碱、碳酸盐、盐酸盐、硫酸盐，让学生思考如何走到目的地并且不被反应到。这个游戏的目的是让学生掌握酸碱盐反应的一般规律，趣味性强，思维量大，又可以复习方程式的书写，通过游戏，学生对枯燥的酸碱盐性质也很快有效地掌握了。

六、精彩的生活知识介绍

化学的精彩也源于生活，多设计一些贴近生活实际的教学活动，理论联系实际，让学生学以致用。我在教学的过程中不仅仅传授课本知识，更多的是渗透生活中的化学常识给学生们，让学生紧跟我的步伐来认识化学和人类的亲密关系。

比如讲到《气体的检验与除杂》中涉及干燥剂的部分时，我联系日常生活中的例子，如旺旺仙贝中的干燥剂是生石灰、衣柜除湿剂里放的是氯化钙，让学生知道干燥剂在生活中的应用，拉近了化学试剂与学生的距离。在三聚氰胺奶粉的曝光下，告诉同学们三聚氰胺在工业上的用途，熟悉的高级纸币和军用地图的图层让学生惊讶不止。苏丹红染色事件让学生知道它在工业染料中的地位，从而改变化学物质在学生心目中的印象，并让学生认知事物的两面性，辩证地思考人生。

七、精彩的化学史介绍

化学是一门源自于实践的科学,长久以来,化学一直陪伴着人们的日常生活,也留下了很多有趣的化学史料。在化学学习的过程中穿插一些化学史的介绍,能更好地增加学生对化学学习的兴趣。比如在介绍氧气的制备时,会介绍普利斯特里和舍勒最早用化学方法制备纯净的氧气,学生对普利斯特里的名字并不熟悉,这时候简单介绍一下他的史料:英国神父、法国爵士、汽水发明者,几个简单的词汇就将这个人物形象生动地描述了出来,同时迅速调动了学生的关注度,使他们牢牢记住了这个人物。

综上所述,化学学科本身充满了精彩,作为教师,需要的是去创设每个精彩的片段,同时把握每一个教学时机,让这些精彩绽放出来。

课堂寻绎:让课堂教学更加精彩

教学内容:《空气中氧气含量的测定》

教学目标:

1. 了解空气的主要成分,掌握氮气和氧气的体积分数;把握空气中氧气含量测定实验的一般思路。

2. 通过实验中空气的存在来明确化学研究的对象是真实存在的物质,初步帮助学生树立唯物思想,感受严谨求实的科学精神。

教学建模:

利用化学的精彩之处吸引学生,运用多维的教学方法和手段,通过"精彩引入——

精彩点拨——精彩进阶——精彩升华"的模式让课堂精彩起来,提高学生的学习兴趣。

教学过程:

一、精彩引入

1. 优美的背景图片,深呼吸。

我们周围到处充满着空气,大家说说该如何证明空气是真实存在的。

2. 学生设计实验感知空气的存在。

扇风,塑料袋收集气体然后封好——双手挤压,有压力,以此感知空气的存在。

【设计意图:激发学生学习兴趣,引入课题,从精彩的引入开始。】

二、精彩点拨

拉瓦锡实验。

[提问]空气的这些成分含量是如何测定出来的呢?

空气是谁发现的?

为什么实验了 12 天?

这个实验证明了什么?

[PPT 展示]介绍拉瓦锡的实验,展示近代实验的可取之处。

【设计意图:进行化学史的教育,培养学生学习古人的研究态度,知道化学的精彩和历史。】

三、精彩进阶

测定氧气含量的实验原理。

[提问]在教室里是否可以完成拉瓦锡的经典实验? 为什么?

[演示实验]空气中氧气含量的测定。

介绍仪器名称、止水夹的位置与装置的密封性的关系以及操作顺序,提示学生观察以下要点:

红磷燃烧的主要现象(瓶内的现象);

手的触摸。

[PPT]为什么水会倒吸?

实验结束后红色的物质是什么呢?

【设计意图:引导学生对化学的客观事实追根寻理,并对化学产生浓厚的兴趣。】

四、精彩升华

多媒体演示规范成功的实验。

[提问]为什么老师的实验有误差呢?

教师引导学生自主分析,得出产生误差可能有以下原因:

①装置气密性不好;②红磷不足,没有把氧气耗尽;③没有等到集气瓶冷却就打开止水夹。

[提升]如果你是拉瓦锡,你该用什么思路来测空气中氧气的体积含量呢?

学生兴趣浓厚地找出老师的出错原因。

[归纳升华]

药品只与氧气反应产生气压差、药品足量、装置气密性好、冷却到室温读数。

【设计意图:实验的失败、误差与成功都是精彩的部分,实验失败反而能激发学生讨论的积极性,使精彩课堂与高潮得以呈现。】

教学之道:每一堂化学课都可以精彩

本节课选自上海教育出版社出版的《化学》九年级(第一学期)第二章《浩瀚的大气》第一节《人类赖以生存的空气》中的内容。本课旨在通过复习空气的组成、通过实验验证空气中氧气体积的含量,从定性到定量地去研究物质,为第二节的从宏观上研究氧气的性质和制取奠定基础。这对以前的知识进行了一种补充和完善,又对以后的知识起着铺垫的作用,是知识逐步向能力转换的一座桥梁。通过本课的教学,可以顺利地引导学生深入学习、研究精彩化学。

一、潜心设计实验,让课堂更精彩

本节课以解决"空气中氧气含量的测定"的实验问题为中心,引导学生从日常生活经验和第一章的知识出发,让学生用多种方式感知空气的存在。接着由学生举实例证明空气含有多种物质,进而教师引导并提出空气中的常见气体——氧气的含量测定的任务。这样就过渡自然,符合由定性研究到定量研究的学习要求。学生为解决这个问题,借助阅读资料,进行大胆的探索,明白了可以在燃烧耗氧后,用水的体积变化来间接感知氧气体积的道理。再用实验验证氧气含量,经师生对误差原因的分析,最终学生自主地理解了这个实验的设计原理。同时能使学生知道化学学习的一般方法,从中他们也能感受到科学知识的严谨,以及对待工作和学习的应有的态度。

二、丰富化学史料,让课堂更精彩

化学课堂不仅仅是为了传授知识,也要带给学生人文的精神,课堂的精彩之处也是教师的人文渗透。本节课有很好的切入点,就是科学家拉瓦锡,他对化学的贡献很大,通过对他所做实验的原理的理解,通过学习他对实验的一丝不苟的态度,可以让学生从不同角度知道化学的学科内涵。

三、应用幻妙的多媒体,让课堂更精彩

课堂实验经常会面临着中途失败,如果重新做一次,教学时间难免不够,为了弥补实验失败的情况,我用多媒体录像来演示实验成果的部分,来探讨我的演示实验失败的原因,这样的设计引起了学生热烈的讨论,达到上课的高潮。

每一节化学课都是精彩的,教师也要在课堂教学中不断完善自我,把精彩的化学呈现给学生们。

(张雁茹)

第 09 章

在穿越中寻找已知与发现未知

展开浩瀚的历史画卷,迎面袭来的是波涛汹涌、气势磅礴的大历史。课堂教学借助多种媒体方式和丰富的资料再现历史,让历史变得丰满而生动,让史书中毫无生机的文字变成活灵活现的头脑映像。徜徉在历史长河中,在寻找已知中发现未知,在深谙过去后营造未来,在品学历史中追求卓越。

文化基因:从映像世界到思想王国

课堂寻绎:让历史教学有"穿越感"

教学之道:让历史课堂散发"历史味道"

文化基因：从映像世界到思想王国

我认为，历史教学应提倡以历史的解释替代历史的叙述，应提倡以证据考察"坐实"历史替代因时势"编造"历史，夯实"史由证来，证史结合，论从史出"的史学思想和历史意识。

课堂上，运用文献、地图、图片、音像作品、美术作品等资料，呈现出时代背景、人物、物品、场合，再现历史画面，从不同的角度和维度，实现对历史的立体认识和深度解读，引导学生有意识地模仿和迁移史学思想方法，培养其史学思想意识，实现自持其"渔"的境界和眼界。

一、穿越"映像"的"想象"

"穿越"是学习历史过程中不可或缺的一种方法。在历史教学过程中，通过再现和创设历史情境，帮助学生获得具体形象的感知，形成历史"表象"，让学生穿越到客观历史中，在身临其境的场景中学习历史，使"表象"反射到学生头脑中形成"映象"。"映像"对"表象"进行了浅加工，属于"被意识到的"，在人的头脑中形成的"对象"，已经超越客观对象本身了。比如在《秦帝国的兴亡》这一课，学生通过仔细观察地图可以收集到这样的信息：秦国灭六国的过程是有章法可循的，从近到远，从弱到强，远交近攻；秦国虽偏安一隅，却通过商鞅变法走上强国之路，成为战国七雄之一。地图和已学知识是"表象"，通过"脑"、"眼"合作，在学生头脑中形成的秦王挥剑十年的远战略和近战术的深谋与远虑则是"映像"。从材料的再现，到对客观情境的主观浅加工，把握到一个韬光养晦的秦国形象，在穿越历史中完成从"表象"到"映像"的转化过程。

如果说"映像"是把对象"移入人的头脑"的话,"想象"却不是对于"移入后"的机械复制,而是对现实的一种创造性把握。学生占有这些特殊的资源,在历史的斗转星移中实现认同或是转移,从简单的感官习得到系统的理性认知,完成从"映像"到"想象"的转换。"想象"反映的内容是客观的,借助的形式是主观的,因此,"想象"是客观物质与主观形式的统一。"在我们之外有一个巨大的世界,它离开我们人类而独立存在",它就是历史。"想象"建立在合乎逻辑的客观历史史实上,主观创造体现的是不脱离历史背景的自主习得,又能展现浓厚的人文色彩。比如《美国南北战争》一节课的讲述中,对于南北矛盾内容的处理,我首先把课前准备好的关于南北矛盾中的工业原料、劳动力、关税、奴隶制度写在黑板上,并把学生分成两组,然后带领学生们穿越时空,进入正在进行激烈辩论的美国国会中,两组同学分别就是南北方的议员代表,他们就南北矛盾中的焦点展开辩论。南北方因经济模式不同,对奴隶的态度和立场也相悖而驰,学生们有客观材料构成的主观"映像",虽然为了辩论要忠于自己的阵营,但是辩论到激烈之处竟有这样的火花出现:有的同学说"难道因为部分奴隶主善待奴隶就该使这种制度合法化吗",有的同学提到"人类历史总的方向是从野蛮走向文明,这种制度是文明还是野蛮不言而喻",还有的同学质疑"这种不平等的制度与美国的建国思想不是狠狠地冲突吗"。同学们在问题的指引下"不知不觉"地进行着主体自主学习和认知,把历史所呈现给我们的实际"移入"到我们对此形成的认识中来,发现客观实际与认识系统并非不一致,这恰恰是通过"想象"这个中介而实现的。再比如,秦统一后首先在政治上建立了以皇帝为首的中央机构和地方郡县机构,经济上统一货币与度量衡,文化上强化舆论影响,军事上修筑长城抵御匈奴,这些措施的目的是巩固秦帝国的中央集权统治,筹谋建立一个从始皇到二世、三世、世世代代,以至后世百年甚至千年绵延不断的秦朝政权。通过这个环节,学生清晰地发现秦在每一个领域的措施都渗透着"维护统一"的思想,如果教师和学生的视野和能力仅仅到达这个层面,只是"见其所见",这个环节就变成了归纳新政权的政策与措施,尽管也是一种新的生成与创作,但是太过肤浅;而我们超越了"见其所见",则会产生无尽的联想和"想象",秦国的措施有何不妥,执行过程有何不足,反观效果有何不佳,把这些糅进问题,重新梳理历史,深读历史,这才会是一个从浅加工到深加工的过程,也才会是一个从"移入"到"创造"的过程。在长期的训练中,相信师生可以通过不断提升的文化内涵重组"映像",照亮"想象",引发情感的共鸣和无尽的遐想,不仅仅是再现"映像",而且是"创造""映象"的"想象",构成自己所要求的认知图景。失去想象,知识便成为生搬硬套,智慧便失去源泉,课堂就会陷入僵化。

二、穿越"历史"的"现实"

历史是"远离"现实的一门学科,讲的多是过去的人和事,时空距离遥远,时代背景不易掌握,文化立场难于理解。如果因为这些问题,历史永远停留在过去,现代永远止步于当下,在历史与现实社会之间,找不到一条客观存在着的恰如其分的沟通途径的话,对于历史学而言,就永远难以脱掉"迂阔无用"的帽子。

历史刻画了一个国家和民族的记忆,它吸纳和积淀着从起源直到现在的,影射万事万物发生、发展、演变的轨迹和规律,历史给未来的就是这面镜子。中学课堂上讲述着合久必分、分久必合的朝代更迭,数不尽的天下大事,随时随地都能遇见的历史人物,如果只是了解一下、不留思想痕迹,必然是过眼云烟,更不要说以史为鉴、以古鉴今了。追问历史,就要走进问题。比如在《秦帝国的兴亡》这节课中继续追问:"秦朝的'万世万代'设想很快成为'短命秦'的现实后,同学们有没有想过,一个国家应该如何维持统治,一个民族应该如何实现有国有家?"强大的秦国可以从诸强中脱颖而出,沧海一声吼,秦王扫六合,而后却在十几年后不幸夭折,不能不引发深度思考,是什么阻止了秦朝强有力的步伐。前后两种截然不同的"结果"形成激烈的碰撞,问题连着问题,历史杂糅着现实,再次把学生带回到秦统一后的措施中,看看遗漏了什么,缺省了什么,通过与历史人物面对面,让历史知识和学生的个体经验结合,站在巨人的肩膀上,宏观地审时度势,从现实穿越到历史,从历史回到现实,在历史中寻找实践经验和教训的渊薮,努力求索能够真正实现以史为鉴的途径,在历史与现实之间建构起那座浑然天成的桥梁。可能我们做的还很浅薄,无法企及历史学家的高度,但历史赋予现实的这份厚重是无法抹杀的。与历史"对接",尝试去过一种"新的"情境下的生活,汲取并传递出一种信念,在历史对现实的影射中形成批判的思维方式和多元的价值观念。通过普遍树立这样的历史意识,养成具有公理性的大历史观,时刻不忘把历史经验和教训当作观照社会实践活动的一面镜子,将以史为鉴这个良好的价值观理念转化为所有社会公民及其组织的自主意识和自觉行动。

数千年来中国文化和中国精神传递出一个信息,即关注个人修行和渴望社会和谐发展始终是国人追求不已的一个理念,就如同今天我们一直在追寻的中国梦,它既是构建"理想社会"的图景,也是全体中国"公民"个人成长的高度。教师对教育内涵的理解和设定决定了历史到现实的距离,普遍地树立历史意识,是真正实现时时处处充分发挥历史之借鉴作用的根本途径。通过普及性的历史教育和历史反思,正视以史为鉴的历史意识的普遍提高和自觉运用,这是一个值得期盼的事情。

三、穿越"形象"的"思想"

什么是"思想"?"思想"是"在认知的意义上规范着人们的所思所想和所作所为,更为重要的是在价值的意义上规范着人们想什么与不想什么,怎么想与不怎么想,做什么与不做什么,怎么做与不怎么做"。因此,对"思想"的界定,在其深层的意义上,是指"人的价值观念的变革与更新,也就是人生的态度与理想的变革与更新"。巴甫洛夫曾作过这样的比喻:"无论鸟翼是多么完美,如果不凭借空气,它是永远不会飞翔高空的。事实就是科学家的空气。你们如果不凭借事实,就永远也不能飞腾起来。""想象"与事实,是历史教育的羽翼和空气,涵盖"映像"和"想象"的"形象"就是羽翼与空气的全部吗? 不! 只有赋予思想的"形象"才是天空的全部。对于历史教学而言,其"思想"要从历史的真与历史的智慧中获得。学习历史需要我们淘尽先人留下的痕迹而去了解最为客观的真实,历史本身和包罗万象的大自然一样不肯轻易向人们展示它的隐秘,从区域到全球,从种族到文化,从制度到思想……只有揭开历史神秘的面纱,才能探寻到它的真谛。从古至今,史官记史要秉笔直书,杀而不屈;考古学家要经历艰辛与困扰,取证证史;历史学者要博古通今,指点江山,他们身上的真与历史的真同样珍贵,都是人类生活的最普遍和最基本的价值依据,规范着所有人的价值选择,这同历史教学的本意不谋而合。历史学家白寿彝曾指出历史教学的三个关键性作用:首当其冲的就是讲做人的道理,然后是人与自然的关系,最后才是人类历史的治乱兴衰。白老简明扼要地指出历史教学的核心思想是育人,育真人。

在常态的价值判断中,还要认识到历史的"智"感,系统地考察历史现象的各种关系,不能仅着眼于当下的利弊得失,而不着重于长远的根本利益,要努力在历史中进行判断,找寻进步的力量。历史就像磨刀石,磨砺岁月刻下的痕迹,让人类有足够的智慧走出蒙昧,在曲折的道路中探寻未来。历史不断印证人类的发展规律和价值标准,从低到高,从野蛮到文明,从落后到进步,是与非,好与坏,善与恶,美与丑,福与祸,荣与辱,崇高与渺小……历史的"思想"库里散发着夺目的智慧之光。在《秦帝国的兴亡》这节课中,有这样的问题:"你能看到秦始皇的深谋远虑吗?是真的'深谋与远虑'吗?""如果你可以穿越千年历史,最想跟秦始皇说的一句话是什么?"鼓励学生积极参与到这样的对话中来,在体验中思考,在思考中成长,在激烈的思维碰撞中,借助分析历史人物开启智慧之门,从而使学生在理想与现实、历史的大背景与价值的大尺度之间保持必要的张力,在"想象的真实"和"真实的想象"中感悟历史。事实上,一种教育理念不能单纯地围绕日常教学任务,也要基于整个社会的进步和文明发展的节奏,谁又能说这样的课堂赋予了学生此"渔"而非彼"鱼"是一件坏事呢?这样的课堂才是真正走进历史的课堂,在寻找已知中发现未知,在认识过去中营造未来,最终完成教育教学的目标,实现辩证的人生智慧和人生的辩证智慧。在历史的长廊中,借助学习得来的创造力,让思想与映像齐飞吧!

课堂寻绎：让历史教学有"穿越感"

教学内容：《秦帝国的兴亡》

教学目标：

1. 运用地图，了解秦统一的过程，形成历史映像。

2. 归纳整理秦政，追问得与失，培养历史思维与历史意识。

3. 穿越时空，与历史人物对话，感受历史的鲜活性。

教学建模：

"穿越历史"以"穿越认知——整合联想——探究品学"为基本操作模式。翻开壮观的历史画卷，引领学生走进栩栩如生的历史场景，培养学生的历史思维能力，在仔细甄别的材料中汲取养分，整合历史事件的前因后果，追问历史，点燃课堂。

教学过程：

一、穿越认知

挥剑 10 年：入主中原。

导入：秦始皇兵马俑、秦始皇像。

秦之实力：

1. 商鞅变法使秦国实力大增；秦的部队是当时世界上最具战斗力的军队。

2. 远交近攻，合纵连横，六国彼此不团结，被各个击破。

3. 秦王嬴政的雄才大略。

【设计意图：通过图片导入构建特定的历史场景，调动学生的学习兴趣，使他们"急切"地走进历史；通过指导学生阅读材料和图册，搜集历史信息。】

二、整合联想

亮剑 10 年：创新制度。

政治：中央设三公九卿，地方设郡县，以中央集权制取代自周以来的分封制。

经济：统一度量衡、货币，修驰道、车同轨。

文化：统一文字，为统一思想提供前提。

军事：修长城、抵匈奴。

影响深远：从这些政策和措施中，你能看到秦始皇的深谋远虑吗？这是从哪些方面体现出来的？（关键词：集权制、尺升斤、文字、长城等）

【设计意图：通过整理、归纳秦统一后的政治、经济、军事、文化政策，在细节中感受秦始皇的深谋远虑，追问"创制"的意义，探寻历史奥秘，培养学生的史学意识，提高学生的思辨能力。】

三、探究品学

思考：秦国如此强大，可是为何秦只存在了 15 年？捡拾历史片段（劳役重、兵役重、赋税重、严刑酷法），整合历史事件。

探究：这样的变革难道不好吗？该如何看待"新制"的创立和秦的亡国？

跨越时空，你想对秦始皇说的一句话是……？

从某种程度上，这些历史事件和历史人物都折射出了历史发展中因果关系的必然性、偶然性和复杂性，这些也是推动人类社会发展的重要因素。

【设计意图：尝试把历史事件联系起来，探究其内在的逻辑关系与因果关系，避免历史碎片化，了解历史发展的延续性和复杂性，感受社会进步与文明发展的渐进性。】

教学之道：让历史课堂散发"历史味道"

这是一堂以"穿越历史"为核心概念的建模课，从筛选课题、设计教案、上课实录到撰写文章，修改、再修改，通过一套完整的流程演绎一个教学主张。整个过程好似一个量体裁衣的过程，颜色、裁剪、穿衣效果都是一件衣服好坏的显性因素，而质感、风格、驾驭都是隐性因素；教学中，教师和学生的知识储备、教师的语言、学生的身心特点、课程资源、问题设计等是显性因素，学生的融入程度和师生构建的课堂生成等则为隐性因素，同时关注显性因素与隐性因素，才能在"模特"身上看到时尚，才能让历史课堂散发"历史味道"。

首先，教师要使用规范而有针对性的语言，避免出现重复、啰嗦的表述和诸如"背景是什么"、"什么原因"、"有何影响"等又空又大的问题，相反，要借助生动精炼的语言点燃活泼好动、好奇心强的初中学生，让他们乐于参与、积极表达。当然，不能单凭"花哨"博取同学的关注，还要根据学生的不同情况选择适当的有"内容"的语言，比如，教师要用资料复原历史，用语言激活历史，学生才会在这样的语境中穿越历史，望见历史，来一场与历史的约会。

其次，设置问题要直观、有针对性、有层次感，从简单到难，循序渐进，根据情况选择一两个难度系数是 3 颗星或是 4 颗星（最高 5 颗星）的问题。比如《秦帝国的兴亡》这节课，有一个问题"你能看到秦始皇的深谋远虑吗？从哪些方面体现出来的？"与其说这是一个有深度的问题，不如说这是一个有启发性的问题，从零散的措施中寻找秦始皇的"深谋远虑"，在形散中寻求"神聚"，然后再回归到客观事实上（从哪些方面体现出来的？）。再比如"如果你真的可以穿越千年历史，最想跟秦始皇说的一句话是什么？"这是一个开放式的问题，在一定的史学知识储备下，又是一个有针对性的问题，意在回答"秦朝为什么如此短命",也在引导学生树立以史为鉴的史学思想。这两个都是那种学生不动脑就没有思路、搭建一只梯子就会有很多想法要表达的问题,容易激起学生的兴趣与共鸣。课堂本就是师生合作的舞台,"双人舞"才能舞出味道。

再次,关注课堂中最靓丽的风景——学生。这种关注有很多种方式,比如突出学生的主体地位,课堂让位于学生,避免教师一言堂等,都是二期课改提倡的内容。我选择用鼓励和赞美的方式关注学生,如"老师有一个问题想请教大家,谁能帮我解决"、"说得太好了,其他同学还可以进行补充"、"你的问题很有价值,看来你是个善于动脑筋的学生",对学生的提问和质疑不仅不会置之不理,还如获至宝。通过这样的方式跟学生互动,营造良好的课堂氛围,虽简单却有效,达到"四两拨千斤"的效果。

最后,教学设计中有关教学策略的内容和实施还不够完善,课堂上处理某些问题的方式略欠妥当。比如,回答"如何看待秦的亡国"这个问题时,学生的材料多来自于教材,教师提供的资料又很有针对性,反而把这个问题简单化甚至单一化了。在以后的教学中,还会有类似问题的探讨,教师可以追问:"为什么历朝历代都有某些问题,比如重赋,偏偏秦朝亡了呢?问题出在哪儿?"也能体现教学要延续,历史要"求通"的精神。

一节课结束了,收获了太多的感动,也留下了些许遗憾。回顾整个教学过程,它是一个教与学,吸纳、释放与吸收、内化的过程,也是一个师生对话,共同合作、撞击灵感的过程,更是一个在反思中进步,在进步中反思,远离平庸、追求卓越的过程。

(王　剑)

第 10 章

丰富孩子成长的文化底色

> 如果生活是泉源，语文就是溪水，泉源丰盈而不枯竭，溪水自然泼泼洒洒流向远方。语文是生活，它的根在生活里；去生活中寻求养分，是语文教学的智慧。紧密联系现实生活，激发学生作为生活主体参与语文学习的强烈愿望，应该成为语文教学的文化底色。

文化基因：生活，让课堂返璞归真

课堂寻绎：生活，让教学脚踏实地

教学之道：生活，让孩子当家作主

文化基因：生活，让课堂返璞归真

语文，作为基础教育的一门学科，中文，作为我们的母语，应该有着相当重要的作用与地位。然而，纵观当下，家长、社会轻视语文，语文教师本人也怀疑自身价值，甚至出现了"语文课上与不上一个样"的种种怨言，这不得不引起我们从根本上进行反思和改进。

陶行知先生在《新教育》一文中指出："'学'字的意义，是要自己去学，而不是坐而受教……'生'字的意义，是生活或生存。而学生所学是人生之道。"先生告诉我们的是，学生通过学习，离生活越来越近，越来越会生活。通过教育，学生能成为生活的主人，能掌握生活的规律，做一个幸福的人。

那我们的语文教学，应该从生活中来，与生活息息相关。学生学习语文的过程，也应该是为生存、发展而进行各种活动的过程。

一、联系生活，让教学更平实

现行的初中语文教材，基本上仍是以主题分单元，以文言文和现代文阅读教学为主。文本阅读占据了语文课堂的绝大部分课时，普遍存在的现实依旧是，学生对课文感到"一望而知"、"一看就懂"，课堂上，师生一问一答的互动，多数也不过是一遍遍温习本已经懂的内容。

这就需要我们去探索以文本方式呈现的语文与生活的关联，去寻找合适的、有益于学生能力提高的教学内容。

比如谭轶斌老师在执教《美容新术》（沪教版六年级语文）时，就充分与生活相关联，让学生在文本中关注生活，从生活实践中学习、理解文本，使得语文与生活紧密联系，让生活为语文提供了肥沃的土壤。

在整体把握文章观点的环节，谭老师一改普遍的课堂提问方式，开门见山地提出问题：这篇文章的观点是什么？答案是密切专注生活。他设计了一个基于生活的话题：我们班级要开一个读书美容院，我想在大厅正对着门的墙上挂一块匾额，上面写什么好呢？我们来根据课文内容，用四个字写一写。

医院里挂着"妙手回春"，会计学院挂着"不做假账"……为匾额题词，距离学生的生活很近，有助于学生通过关注生活把握文章的观点，并获得生存的能力。

紧接着谭老师又让学生借助文本内容为读书美容院的开张仪式写一句赠言，选择一本书，在扉页上题词，准备在开张仪式上的发言稿。这几个环节的活动，帮助学生进一步把握了文中议论的语句，理解了文章语句的内涵，掌握了用事实来讲道理的方法，理清了文章的写作思路。

语文课堂上的这一设计，巧妙地处理好了生活与文本的关系，注重学生已有生活体验的唤醒，让学生在充分关注生活的同时，掌握了文本中所呈现出来的教学内容。

在我们的语文课堂中，教师应该试图从教材中挖掘出生活元素，让学生真正地从课堂上认识到语文来源于生活，与生活息息相关。

二、贴近生活，让教学更有效

在我们的语文教学中，不仅教学内容要关注生活，教学方式也要与生活相联系，只有贴近学生的生活，才能让语文课堂充满生机，从而紧扣时代脉搏。

教师可以依据学生的心理特点、心理需要，联系学生的生活实际，借鉴生活中耳熟能详的方式让文本充分接地气，提高学生的综合运用能力。

比如在执教《我看见了我的"骨头"》（沪教版七年级语文）时，按照传统的教学环节——初读课文，概括伦琴发现 X 光的事件；再读课文，伦琴为什么能够发现 X 光？

除了伦琴发现 X 光,文中还写了哪些人的伟大发现?为什么要写这些人?克鲁克斯等人为什么没有抓住这偶然的遭遇?结合文章内容,谈谈你对文章最后引用的叔本华的一段话的理解——由此组织课堂教学,也能按部就班地完成教学内容,但是学生的兴趣可能不高,课堂会显得有点枯燥,毕竟这些人、这些事距离学生的生活比较遥远,教师需要找到学生的共鸣点来激发学习兴趣。

若是尝试改变一下教学方式,把课堂变成与生活相关的场景,也许会取得意想不到的效果。比如有位老师就大胆把一个名为"艺术人生"的小品搬进课堂,以此来增强学生的感受:依托文本内容,来给伦琴进行一个人物专访,把学生分成四人小组,每组确定一个主持人、两个被采访者,一个发言人负责记录,并做总结。

按照"艺术人生"的设计,先是人物简介。主持人精心设计了精彩的人物简介:1901 年是不平凡的一年,因为这年有个来自德国的普通人,为人类社会作出了非凡的贡献,成为一代天骄,举世瞩目,他就是伦琴,无与伦比的伦琴。接下来的环节就是再现伦琴发现 X 光的过程。一个同学解说,一个同学演示。主持人不失时机地把课堂转入了第三个环节:伦琴教授,你成功了,你成为了第一个获得诺贝尔物理学奖的科学家,恭喜你!请发表你的获奖感言。"伦琴"从文本中归纳总结出自己成功的经验。这时候,主持人话锋一转:伦琴教授,你知道,你确实是全世界独一无二的科学家,你是不是也觉得很幸运,上帝只钟情于你?

"伦琴"能从文本中找出,类似的成功实例还有很多,这其实不再是偶然现象,而是已经成为一种必然的、科学史上的奇妙现象了。

这时候,连线伦琴的朋友克鲁克斯等人也纷纷给伦琴送上祝福,并且惭愧地分析了自己与这一次伟大的发现失之交臂的原因。

最后,结合叔本华的话,给伦琴的成功做了总结,并阐释了这句话的含义,主持人带领大家齐诵叔本华的这句名言。

显然这样一次勇敢的尝试,取得了令学生满意的效果:点燃了学生的热情,大大开阔了学生的视野,而且还锻炼了学生的思维和口头表达能力。而这一切就源于课堂教学方式贴近了学生的生活,在生活形式中理解文本。

三、体验生活,让教学更精彩

陶行知先生极其重视让学生参加社会实践,他认为"生活教育"最根本的原则与方法是"教学做合一"。"教学做合一"的实质就是根据生活的需要而教、而学,通过生活实践去教学,从而使学生获得生活实践所需要的真正的生活力、创造力。在我们的语文教学中,就应该让学生在实践中体验,在体验中学习。

比如另一位老师在执教《石壕吏》(沪教版七年级语文)时,把古诗的故事情节由学生编排成课本剧,让他们在表演过程中体验"妇"和"吏"的不同心境,把语言文字还原成生活形象展现在自己面前,从而使学生加深对课文的感悟。

"旁白:公元 758 年,为平息安史之乱,郭子仪、李光弼等九位节度使率兵 20 万,围攻安庆绪所占的邺郡,胜利在望。但到了第二年春天,由于史思明派来援军,加上唐军内部矛盾重重,形式发生逆转。在敌人的两面夹击之下,唐军全线崩溃。郭之仪等退守河阳(现在河南孟州市),并四处抽丁补充兵力。杜甫此时刚好从洛阳回华州,途经新安、石壕、潼关等地,亲身经历了这一现实,含泪写下了这首诗。

布景:夜色如漆。只有杜甫的房间里还亮着微弱的灯光,窗户纸上印出诗人挑灯夜读的身影。石壕村一片寂静。黑暗中偶尔传来几声猫头鹰凄厉的叫声,更增加了夜的死寂。草屋里不时传来婴儿的阵阵啼哭声和母亲哼唱的催眠小曲。

吏甲:老弟,前天晚上我们来这石壕村抓人,空手而回。今晚管他妈的是什么人,先抓一个回去交差再说,可不能心慈手软!

吏乙:老兄说的对!今晚再抓不到男丁,大老爷又要打我们的板子了!(摸屁股,作痛苦状)哎哟!我这屁股昨天刚挨了板子,到现在还痛着呢!哎哟!

吏甲:嘘——小声点!别把人吓跑了,又要空跑一趟!

吏乙:(惊喜)老兄你听!有婴儿的啼哭声!有小孩就有大人,今天可比前天走运啊！我们可以交差了！

吏甲：对啊，那边还有点灯光呢！我们就去那家看看。（走过去、敲门）开门！

吏乙：（大声）开门！开门！（不断敲门）

（老妪、老翁上）

老妪：（大惊）哎呀，坏了！这回官差真的来了！

老翁：（惊慌失措）哎呀！坏了！怎么办呢?!

老妪：老头子，快从后院翻墙跑吧，明天早上再回来！

老翁：老婆子，你怎么办？

老妪：哎呀！别管我了！他们要抓的是男丁。我一个老婆子是不会有事的。你快走啊！（老翁点头，作翻墙状，下）来了！来了！官爷莫急！（掌灯、开门）

吏乙：（发怒）他妈的！怎么这么久不来开门，莫非想让你家男丁借机逃走？你家男丁呢？叫他出来！

老妪：（作欲哭状）官爷呀！你有所不知，我家没有男丁呀！

吏甲：没有？谁相信？哼！快叫出来，免得我动手！

老妪：我本来有三个儿子，已经全部被征去守卫邺城了。昨天刚接到老三的家信，说他两个哥哥刚刚战死了……（大哭起来，边哭边说）唉！死的已经死了，活着的也只是苟且偷生，也不知道明天的死活……（泣不成声）

吏乙：（怒吼）别哭了！少的死了还有老的！叫你当家的出来！

老妪：（哭得更伤心了）可怜我那老头子早就不在人世了！我们家真的没有男丁了！

吏甲：（大吼、恐吓）别装了！赶快把人交出来！否则别怪我不客气！

（这时婴儿被门外的声音吵醒了，又开始大声啼哭起来）

吏乙：（凶恶）老东西，你不是说家里再没有其他人了吗？怎么会有小孩的哭声？（欲推门冲进去）

老妪：（胆怯，但迅速又鼓起勇气拦住二吏）家里真的再没有男丁了，只有死鬼老大留下来的一个还在吃奶的孙子，还没有断奶，所以他的娘还没有走……

吏甲：（脸上掠过一丝阴笑）既然有人在，那就让我们带走，好让我们交差！

老妪：官爷！请你高抬贵手！可怜我那儿媳妇自嫁到我们家来，这几年还没有过上一天好日子，一个妇道人家，一身破衣烂裳，可不便出来见两位官爷，更不能去打仗啊！

吏乙：那就算了吧！可我们也不能空手而回吧！我们在这儿已经守了三天了，你总得给我们一个交代吧，免得我们在上面交不了差，明天又要挨板子！

老妪：（拭泪、叹气）唉！这样吧，两位官爷，反正打仗也是国家的事，老妇人也应该出一份力。我虽然不能上阵杀敌，但还能帮你们洗衣做饭。如果不嫌弃，就让我跟你们一起回河阳的军营去，说不定还能赶上去做明天的早饭呢！

二吏：（交头接耳一阵）这样也好，那你就收拾一下，跟我们走吧！"

首先，这是学生立足文本内容，自编自演的剧本，能够引起学生的情感共鸣，从中产生强烈的道德情绪的体验。学生在编排剧本的时候，需要调动自己的生活经验，把文本中隐含的人物的身份、情感挖掘出来，并逐步显性化，最终通过动作、神态、语言来进行表演。学生运用生活中的审美经验为文本中的人物进行角色定位的过程，正是语文与生活紧密联系，相辅相成的体现。

其次，要编好课本剧，就必须对文本进行认真的阅读和理解，把握文本所表达的思想内容，掌握文本所描写的时代背景，弄清文本的艺术特色，去构思剧本的表演技巧，把握文本中的人物的性格特征，去研究剧本中人物形象该怎样塑造。学生在这个过程中，反反复复地研读，进一步体验了安史之乱时期老百姓的悲惨生活。这正是在实践的体验中进行诗歌学习的过程。

由此可见，编演课本剧，不仅可以扩展学生的思维空间，还可以使学生的理解力和表达力得到提高，从一定程度上，让学生在体验生活的过程中，进一步丰富和深化语文课堂教学，同时也加深了对"安史之乱"这一历史事件的理解。

总之，语文作为基础教育阶段一门重要的学科，它的社会性、生活性非常突出，这就更坚定了我们的语文教学应该关注生活,深入挖掘文本中符合生活意义的内容,改变我们传统的教学方式,使之贴近生活,帮助学生解读生活的意蕴,在体验中学会生活,在生活中学会语文。

课堂寻绎:生活,让教学脚踏实地

教学内容:《小石潭记》

教学目标:

1. 联系实际,把握文本中呈现出来的山水美景。

2. 贴近文本,在情景交融中感受作者忧伤凄苦的孤寂心情。

教学建模:

生活语文以"联系实际——贴近文本——感受真情——体验生活"为教学模式,即教师在阅读教学中,从学生的实际出发,在了解学生已有认知水平的情况下,设计出贴近文本内容的情境,引导学生感受文本中所蕴含的真情实感,最终体验生活的真谛,切实地将语文教学变成接地气的有效的语文。

教学过程:

(一)联系实际

新华网湖南频道曾经报道:唐代著名散文家柳宗元贬谪湖南永州期间,将满腔政治抱负化为寄情山水的优美文字,留下了脍炙人口的《永州八记》。但由于年代久远,美景难寻。尤其是"王牌景点"小石潭,具体位置更是成为千古之谜。

【设计意图:联系生活实际,由新闻报道来引出学生对此文的阅读兴趣。】

(二)贴近文本

问题1:谁能从文中来还原一下当时小石潭的具体位置?

从小丘西行百二十步——伐竹取道——下见小潭。

记者从湖南省文物部门获悉,文物考古工作者日前在永州市愚溪河的清淤过程中,发现了柳宗元《永州八记》中所描绘的"小石潭"遗址。昔日令一代文豪陶醉的山水美景,重现于世人面前。

问题2:假如需要你帮助政府开发小石潭的旅游资源,你觉得小石潭有什么值得游览的地方呢?(要求从文中找依据)

问题3:如果需要你为小石潭的某一个景点设计一则吸引人的旅游广告词并且命名,你会怎么做?(要求从文中找依据)

示例——竹苑听涛。

这是一片竹林,隔着竹林,叮叮——咚咚,叮咚叮咚,您可以听到身上佩带的玉佩玉环碰撞发出的清脆悦耳的声音,其实啊,那是流水的声音!请来我们的竹苑吧,听流水淙淙,如鸣佩环,也许你还可以听到柳宗元的诗意朗诵——隔篁竹,闻水声,如鸣佩环!

我给这个景点取名为竹苑听涛,欢迎大家来竹苑听涛。

【设计意图:根据生活事件,进行语言实践,引导学生细读文本,欣赏作者笔下的小石潭美景,锻炼学生的语言组织能力和表达能力。】

(三)感受真情

问题4:当年柳宗元游览小石潭的时候,他的感受又是如何的呢?(要求从文中找依据)

依据:从"心乐之",可以感受到作者当时是快乐的。

从"寂寥无人,凄神寒骨"中可以感受到作者后来的感受是孤寂、凄苦的。

问题5:游览了这么美丽的小石潭,柳宗元为什么会感到孤寂、凄苦呢?能否联系写作背景?

【设计意图:能够联系作者的生活背景、人生遭遇,来体会作者在客观美景之前的主观心境。】

（四）体验生活

如果你在柳宗元的身边，看到他的情感随景而变，最终也无法排遣忧伤，作为他的朋友，你会怎样劝慰他呢？请以"柳宗元，我想对你说……"的句式，和柳宗元对话。

【设计意图：引导学生走出文本，真正在自己的生活中进一步阅读柳宗元的作品，感悟柳宗元的孤傲人格。】

教学之道：生活，让孩子当家作主

《小石潭记》作为一篇山水游记，隐藏着美丽的景致，这需要我们引导学生从生活出发，从语言的角度去品读美景；而美景的背后还蕴藏着作者政治上的失意，这需要学生从人物的生活遭遇、成长历程出发，真切地走进人物的内心世界，切实感受文本所抒发的情感。这节课的设计，正是基于生活，让文本从生活中来、到生活中去。

一、从生活出发，课堂更有效

学习这样一篇课文，需要我们尝试去挖掘文本背后的生活元素，把文本真正与生活联系起来。在教学设计中，就从生活中找来了一篇新闻报道：新华网湖南频道曾经报道，唐代著名散文家柳宗元贬谪湖南永州期间，将满腔政治抱负化为寄情山水的优美文字，流传下脍炙人口的《永州八记》。但由于年代久远，美景难寻。尤其是小石潭，具体位置更是成为千古之谜。这篇新闻报道与时下流行的旅游、与学生的生活密切相关，有助于激发学生的学习热情与阅读文本的兴趣。

由一篇新闻报道引出了文本中所描绘的主要内容，这时候就要巧借生活的桥梁，来实现课堂教学与学生生活的关联，从而达到进行文本阅读的目的。于是设计出课堂教学的主问题：记者从湖南省文物部门获悉，文物考古工作者日前在永州市愚溪河的清淤过程中，发现了柳宗元《永州八记》中所描绘的"小石潭"遗址。昔日令一代文豪陶醉的山水美景，重现于世人面前。假如需要你帮助政府开发小石潭的旅游资源，你觉得小石潭有什么值得游览的地方呢？学生在设计旅游广告词的过程中，首先要解决两个问题：一是要读通、读懂文本内容，二是要重新进行教学内容的排列，甚至对其进行重构。

学生在理解文本的基础上，对文本进行再加工，组织语言，优化语言，进一步提高了自己的语言组织与表达能力，切实从生活元素中提高了自己的课堂学习水平。这正是巧借生活元素，从生活中来，提高阅读文本的能力。

二、到生活中去，提高自主性

生活处处皆语文，语文时时现生活。如何让学生把语文和生活联系起来，在生活中解读文本，让文本回归生活，这是语文课堂教学应该思考的问题。这就需要我们在教学设计中有意地去朝这个方向努力。在这节课的教学设计中，就呈现出了这样一个作业设计：如果你在柳宗元的身边，看到他的情感随景而变，最终也无法排遣忧伤，作为他的朋友，你会怎样劝慰他呢？请以"柳宗元，我想对你说……"为句式，和柳宗元对话。

这个作业的设计，意在引导学生逐渐从文本中走出来，进一步阅读柳宗元的其他作品或者了解他的生平轶事，真切地感受、体验他的孤傲人格。同时，学生在了解的过程中，需要逐步内化为自己的思想，最终把思想转化为语言进行表达。这是一个思维的过程，同时也是一个语言实践的过程。

写的能力和说的能力可以说是语文教学的两大培养目标。生活中的主持稿、演讲稿、解说词、广告语等都是表达能力的体现，把生活中的常见形式运用到语文课堂中来，再把课堂教学回归到生活中，对于学生的能力的培养，有着显而易见的效果。

　　综上所述,在语文教学中,应该贴近生活,充分调动学生积极参与,激发他们的学习潜能,在他们心中播下自主学习的种子,在学会学习的过程中主动探究语文知识所包蕴的文化内涵。

　　立足生活,参与教学,为长足发展而孜孜以求。

(贾小娟)

第 11 章

让孩子们全身心地投入学习

I-English,意即"爱英语"。作为一个教学主张,I-English 旨在通过听英文歌曲、看原版电影、听英语广播、读英文原版小故事等多种途径,让学生对英语学习产生浓厚的兴趣,继而在英语学习方面形成自己的方法,寓教于乐,逐步建立 I-Listening,I-Speaking,I-Reading,I-Writing 的有效学习策略。

文化基因:每一个孩子都会爱上英语
课堂寻绎:动动耳朵,张张嘴
教学之道:用收获激发兴趣

文化基因：每一个孩子都会爱上英语

　　兴趣是推动学习的内在力量，是学生学习的强大动力。学生一旦对英语产生浓厚的兴趣，就会乐于接触它，并且兴致勃勃地全身心投入学习和探索，变"苦学"为"乐学"。因此，我认为作为一名英语教师，首要任务应该是让每一个学生"爱"上英语。I-English 的想法也因此而来。

　　为此，在教学中，教师要根据教材内容，充分挖掘教材的兴趣性，教材处理及教学过程要力求集科学性、知识性、趣味性于一体，从而广泛吸引学生参与。同时也可通过一系列与英语相关的兴趣活动，变被动接受知识为主动求索知识。

一、I-Listening

　　学习语言，最重要的莫过于"听"和"说"。听懂了，是理解的结果，说出来，是表达的过程。曾经有名师说过：Listening comes before speaking, reading and writing. 听力领先于说、读、写三项技能。虽然"说"可以由说话人自己选择词汇和句式，但如何把话说得既正确又得体却非易事。较之"说"，"听"则更难了。

　　英语听力练习常常是枯燥乏味但又要求持之以恒的，没有让人提得起兴趣的训练方法是让很多英语学员半途而废的原因之一。因此，想要迅速提高英语听力和英语会话能力，需要有既使自己提得起兴趣又正确有效的学习方法，即适合自己的学习策略，我们称之为 I-English 中的 I-Listening 学习策略。那么如何找到适合自己的 I-Listening 学习策略呢？我认为我们可以从学生的兴趣入手。

（一）喜爱音乐，听歌练听力

如果学生对音乐有兴趣，那么完全可以通过多听一些英文歌曲来锻炼他的英语听力。经常听英文歌曲，可以很好地培养学生的语感。比如，我曾在我自己的教学班中做过这样的试验，让他们每个单元都听唱一首英语歌，再利用班里合唱队同学多的特点，让会唱爱唱的同学经常领唱。一学期下来，学生们不仅爱上了充满律动的英语课堂，更是在长期的听唱中熟悉了很多英语连读、省音的情况，从而在听力理解方面得到了大大的提高。

（二）喜爱观影，看剧练听力

喜欢看电影电视的同学，则完全可以通过多看一些英语电影电视来提高自己的英语听力。但是想通过这种方式来提高听力理解的能力，还应掌握正确的方法。

首先，我会选择适合学生学习的英文影视剧。如果学生的英语水平在初级阶段，最好用肥皂剧作为学习材料，因为剧中的语言比较简单，而且也很地道，更贴近日常生活，比情景剧的会话场景更为丰富，方便初学者的理解。

其次，为了更好地利用视频资源，我一般建议我的学生每次收看时，同一集剧目至少看四遍（越多越好）。第一遍以了解剧情为主，不必在意能听懂多少；第二遍全神贯注地观看，尽可能地去理解；第三遍要有针对性地观看，对于不易听懂的对话要反复多次听，对实在听不懂的，就请教别人或者想办法了解；第四遍，将这一集配上英文字幕再看一遍。最后梳理一遍难点和生词，并将一些比较好的表达方式、惯用法等记录下来作为积累，并不断练习，提高英语口语能力。四遍之后就可以进行泛听了，让这些剧情随时在你耳边响起，直到刻在心中为止。

二、I-Speaking

语言学家海姆斯（D. Hymes）认为：语言能力不仅仅是指能否造出合乎语法的句

子的能力,还应包括能否恰当地使用语言的能力,而说话是语言的重要表现形式,也是
交际的重要手段。所谓 I-English 中的 I-Speaking,即是一种学习口语的策略。这种策
略首先要让我们爱上英语口语,然后寻找一种适合个体自己的学习方法。由兴趣引发
的学习方法大略有这么几种:

(一)影视配音

有时候发音不正确,即使开口说英语,外国人也听不懂,这也是导致交流障碍的重
要原因之一。提高发音水平的一个方法就是:跟着录音读。大量地跟读模仿之后,这
些单词、句型也会扎根在脑海深处,在与外籍人士的交流中,不知不觉地就会"溜"出
来。但一再模仿课文的录音又会让学生感到非常枯燥乏味,所以我一直在寻找比较好
的配音资源。最近,手机应用中流行起来的配音软件倒是引起了我的注意。这些软件
通常带有很多我们熟知的电影、电视、动画的配音资源,非常贴近学生们的生活。所以
我就想让学生通过模仿外国原版动画片里的对话来锻炼口语能力。任务布置下去以
后,意外地收到了很好的反响。很多原来不爱做口语作业的同学在对待这项作业的时
候变得比往常积极了,还有一些原来默默无闻、语调平平的同学为了能够更准确地模
仿动画原声,也通过苦练改变了自己原来讲英语的声调。所以只要找对方法,从学生
的兴趣入手,我们的学生也一定可以开口讲出漂亮流利的英语。

(二)英语角交流学习

在英语课堂中,老师大唱独角戏,而台下的学生大都在埋头苦记,除非是迫不得
已,一般不愿意用英语进行对话交流。并且多数学生用英语回答问题时,只是机械性
地照搬课文,象征性地读上几句,一旦脱离了课文,除了会最简单的日常表达以外,也
就无从下口了,更谈不上口语的多样性了。为了改善这种情况,我便想办法将英语学
习从课堂内延伸到课堂外,从而创造了"英语角"这样一个能让学生随时自由用英语进
行交流的平台。在这里,我鼓励学生用英语会话来进行日常交流,于是便看到了课下、

午休甚至是放学时分,几个活泼的孩子用还不那么纯熟的英语互开玩笑的场景。

三、I-Reading

一谈到阅读,人们便会不由自主地想到"苦读"。如果把这两个字理解成读书需要花功夫,倒也有理。但如果认为阅读一定是很苦的,很少会有欢乐,那就大错特错了。然而,目前的很多英语学习者都视英语阅读为苦事,常常是不得已而为之。教师让学生读点英语材料,就像给孩童吃中药,需要捏着鼻子硬灌下去。自然效果也不会好。那么要让学生真正爱上英语阅读,我认为还是先得培养孩子们阅读的兴趣。

(一)培养阅读兴趣

在平时的教学生活中,我尽量多地为学生创造英语阅读的机会及环境。比如,在选择给学生的阅读材料时,我会选择一些难度适当、内容丰富的英语阅读材料,让学生不至于"读不下去"。同时,我还成立了阅读小组,每月或每周给出一定的阅读内容、提纲或任务,让学生去自由阅读,然后互相交流阅读的感想及阅读方法经验等。另外,阅读的材料不应该是与生活脱节的,所以我还会与学生一起收集日常生活中遇到的英语阅读材料,如商品的英文名称及说明等,定期让学生展示并说明自己的收集品,然后交换各自收集的材料来进行阅读欣赏,并展出一些有趣的或学生喜爱的收集品。以上几个方法我都尽量组织学生参加,让学生们在参与的同时体会到英语阅读的乐趣,从而激发他们的英语阅读兴趣。

(二)爱上英语阅读的方法

根据 I-English 中 I-Reading 的理念,我主张一口气读下去,即便有个别单词挡道,只要不影响整体内容的理解,就不必停下来查词典,更没有必要见到好句子就停下来抄,因为那样会打断思路,影响阅读速度,甚至扼杀阅读的兴趣。不要以为读完一本书没有记下某个词语或某个句子就是一无所得,阅读的主要目的在于语言吸收上的"潜移默化",在于获得语感。阅读需要"量",没有大量的语言"输入",是难以学好英语的。因此,我在阅读教学中总是先顺着学生的兴趣读完全篇,再针对某个值得回味思考的细节展开讨论。这样既保护了学生原有的阅读兴趣,又能引发学生开展进一步的思考,岂非一举两得之幸事?

四、I-Writing

在英语写作教学中,我们经常会看到这种现象:不少学生一提起作文就愁眉苦脸、唉声叹气,表现出较为强烈的恐惧心理和排斥情绪,对写作不感兴趣,写作学习的动机水平较低。存在着"学生说到写作心烦,教师见到学生的习作头痛"的现象。那么又是什么原因造成我们的学生如此惧怕英语写作呢?我认为原因是多方面的。比如,有些学生认为自己的英语水平这么差,肯定写不好,对写作表现出强烈的恐惧心理和排斥情绪,怕写或干脆不写。还有的学生在平时的写作和考试过程中由于得分低、教师的评语缺乏激励,经常受到同学们的嘲笑,使他们谈作文色变,久而久之,便失去了写作的兴趣和动力。

那么在这样一种非常不利的心理影响下要怎样实施 I-English 中的 I-Writing 写作策略,使学生爱写擅写呢?答案是没有办法。因为这样消极的心理暗示无法让学生学习写作,谈何爱上写作呢?所以作为老师,我尝试着做这么几件事情来改变班里学生的写作大环境。

(一)激励性评价,让学生体验成功的喜悦

美国著名心理学家杰特的研究表明,自我评价是一个从外部评价到内部评价逐步过渡、逐步内化的过程。因此,教师的评价十分关键。在给学生的作文评价中,我总会先圈出其写得较好的部分,让他知道他的文章也有一定的可取之处,让他知道老师对

他的肯定。然后再针对其逻辑思考上的漏洞,给出另一种方案,让他比较与自己原来句子之间的差别,从而让他自己发现问题的所在。这样的方式不仅让学生容易接受,而且也树立了学生对自己写作能力的信心,推动学生往更好的方向去发展。

(二) 夯实语言基础,切实提高写作能力

激励性的评价固然能促进学生的写作热情,但如果学生没有足够的能力来解决这些现实的写作困难的话,这种挫败感就难以真正得到消除并会一直持续下去,那么学生也就难以真正地克服写作恐惧心理。因此,在正式的写作之前,我会先给同学们做一些听写和翻译的练习,促使学生掌握单词和短语拼写的最简单有效的方法。另外,在分析阅读文本的过程中,我发现许多篇章采取了留白的艺术,达到了"言有尽而意无穷"的目的,这也为学生写作提供了训练的素材。

通过多年的英语学习,我发现"兴趣是最好的老师"这句话绝非虚传。为什么有的学生会不喜欢学英语,英语对话一句也听不懂,更不会说,看到大段英语篇章就头大,谈到英语写作就脑袋空白? 那并不是说孩子本身的能力有多大的缺陷,而只是单纯的没有兴趣罢了。所以要让孩子喜欢英语,甚至爱上英语,教师必须调动全身心的力量,利用孩子的心理特点,投其所好,运用各种教学方法,甚至是"说学逗唱",来点燃孩子英语学习的热情。热情一旦点燃了,兴趣一旦建立了,后面的事情就容易了。到那时候,你不让他听英文歌曲他要跟你急;他恨不得跟全世界会讲英语的同龄人交朋友;他看英文原版故事书的时候如饥似渴的模样让你不忍心去打扰他;而他用英文写的文章显示出他是多么地有想象力……这便是我期望中的英语学习氛围。如今这可能还只是一个梦,但我相信坚持下去的话,总有梦想成真的一天。

课堂寻绎：动动耳朵，张张嘴

课题： Planning a visit

教学目标： By the end of the class, students are expected to ...

◆ Ask "Wh-" questions to find out specific information. e. g. , Which place shall we visit? What time on Saturday? When are we going to come back?

◆ Ask "How" questions to find out various kinds of information. e. g. , How are we going to get there? How much does it cost?

◆ Use "be going to" to describe events that will occur quite soon. e. g. ,We're going to come back at six o'clock.

教学建模：

针对六年级孩子的英语学习内容，侧重于"I-Listening & I-Speaking"听说教学。通过游戏、比赛等轻松的教学氛围，让学生主体参与教学全过程，激发英语学习的兴趣，寓教于乐，推进英语听力及口语教学。大体可分为五个阶段：Warming-up——引入话题，Pre-task preparation——用简单任务激发学生学习兴趣，While-task procedures——通过一系列的教学环节，如比赛、游戏、模仿朗读等推进课程内容，Post-task activity——小组活动，内化课文要求后根据自己的学习情况有效地输出，Assignments——通过课后作业复习巩固。

教学过程：

（一）Warming-up

1. 通过询问简单问题，与学生进行口语交流。

2. 带着一个简单问题看一小段英文短片。

3. 带着一个简单问题听几段英文小对话。

（二）Pre-task preparation

根据教师或课本提供的图片信息猜测可能会学习到的内容，并用简单口语在全班进行交流。

（三）While-task procedures

1. 根据听到的文本信息抓住时间、地点、人物、事件等基本信息。

2. 第二次听录音文本，找到目标短语并与其他同学竞赛。

3. 跟读课文录音，模仿录音中的语音语调。

4. 通过小游戏的形式继续对课文难点进行深化。

（四）Post-task activity

通过小组同学之间的合作，用目标词汇及句型自己创设对话，并与大家交流。

（五）Assignments

根据本课学习的重难点制定作业，让学生在读读、唱唱、背背中巩固所学的新知识。

教学之道：用收获激发兴趣

通过这节课的实验，我觉得要实现 I-English 的教学理念，关键在于，第一是要让语言有在场感。所谓在场感，即能融入一种语言并愿意主动地用这种语言去交流的感觉。如果只按照教科书上的要求去操作，那么学生到头来学会的都是死的语法知识和语法结构，而并不知道要如何去运用它。第二是要激励学生，让他们有获得感。兴趣如何而来？并不是所有人对语言学习都有兴趣，所以兴趣需要靠后天的培养。而培养的过程中，并不是单纯地让学生觉得有趣，他就会从此对这件事情充满兴趣了。要培养长期的兴趣,我以为还是应该让学生在做这件事情的时候有所收获,使其自信心获得满足。那么就要求老师在课堂设置任务的时候能根据学生个体的情况设计难度适中且有效的任务,这样才能激发起学生的长期兴趣,让他认为他是有能力甚至是有天赋做到这些的。

这堂实践课对我来说是具有很大的意义的。因为只有在实践的过程中,一些细节的问题才会浮出水面。也正因为这些细节问题的出现,才能让我更明白清晰地去完善我的教学主张,使之更快地成为一个能够为我们所用的教学理论。

(杨　芸)

第 12 章

让孩子们沉浸在课堂里

提到"快乐体育"，往往会给人一种感觉，那就是要让学生愉快。而让学生受到挫折和困难，就不是"快乐体育"。其实，这是一种误解。把学生培养成吃苦耐劳、能经受艰难的磨练、能战胜自我的人，也是体育教学的应有之义。能让孩子们在快乐中接受体育，一辈子爱上体育，这便是体育教学的终极目标。

文化基因：情趣纵生，内外平衡
课堂寻绎：快乐在左，健康在右
教学之道：我运动，我快乐

文化基因：情趣纵生，内外平衡

"快乐体育"是以终身体育、发展个性需要为主线，从情感入手，以对学生进行健康的人格教育、身体教育为目标的一种体育教学思想。它注重爱的教育、美的教育和体育运动所具有的独特乐趣，满足运动欲望，发展体力和智力，培养学生的体育能力与完美人格。

一、情趣纵生，创设有乐趣的教学情景

少年儿童的学习态度，很大程度上受到学习兴趣的影响，只有当教学活动对他们的心理产生有效的刺激并为他们所喜爱时，才会产生一种积极地参与学习活动的内驱力，才能使潜在的力量真正投入到身心活动中来。

1. 导之有趣，唤起学习最佳心理状态。

课堂导入，它好比一场戏剧的序幕，要一开始就引人入胜，才能激发学生的好奇心，使学生产生求知欲，诱发出最佳的心理状态。要做到这一点，就需要教师创设最佳的教学情境。

2. 授之有趣，引发动静的集体力量。

新授教学是学生理解知识、掌握知识的重要过程。教师要尽可能地创造条件，让学生参与这个过程。为达到此目的，教学中教师一定要重视对学生的启发、引导，使学生在教师的启发和引导下，正确地思考，轻松地接受新知识。在新课教学中，要改变班级只是作为制约学生课堂行为的一种静态的集体背景而存在的现象，使班级、小组等学生集体成为帮助学生学习的一种动态的集体力量。因此，在教学时，教师不要急于

讲解新授知识的动作要领,而是要创设教学情景,组织学生以学习小组为单位开展讨论,让学生进行自学,积极地思考,来提出问题、分析问题。教师则根据学生所提问题进行整理、删改、示范、讲解,最后很自然地引出正确的动作要领,使学生在充满热烈探讨的交谈气氛中和积极参与思维的过程中,自然地掌握新授知识的内容。

二、内外平衡,搭建乐学的互动平台

我们的目标是培养全面协调发展的学生,在体育课堂教学中要重视学生的个体差异,根据每一个学生的能力水平,采用多种方法,找到学生的"最近发展区",让每一个学生都在原有基础上充分发展。正由于笔者在快乐体育的实施中注重每一个学生的个体差异,才使不同能力的学生都获得了发展,使学生的整体水平有较大幅度的提高。

1. 建立学生自我锻炼的体验平台。

在体育课堂教学中,安排几分钟时间让学生自我锻炼,让学生围绕课堂教学中素质练习的要求,自主练习、自我调控、自我评价,在学生的自我锻炼时间内,教师可以按学生不同的运动水平和技能掌握情况,将学生安排成若干小组,也可由学生自由组合,按小组活动。在活动中相互探讨、相互鼓励、相互学习、相互协作,这对学生技能动作的掌握、个性品质的发展、自我锻炼习惯的培养有很大的益处。

2. 搭建课内外相结合的活动平台。

体育课上的时间是有限的,将课内知识延伸到课外、校外,使学生有充分的课余时间来发展自己的兴趣爱好,这也是教学课的延伸和补充。

提到"快乐体育",往往会给人一种感觉,"快乐体育"就是要学生愉快,如果让学生受挫折和受到困难的考验,就不是"快乐体育"。其实这是一种误解。把学生培养成吃苦耐劳、能经受艰难的磨练、能战胜自我的人,是体育教学的目标之一,具有这种适应能力的学生,有及时进行自我调节的能力,今后才能适应千变万化、错综复杂的社会环境。因此,加强学生意志品质的培养在快乐体育的实施过程中具有重要的作用。

3. 搭建结合文本之外的创造平台。

创造性的培养应该从小开始。实际上，儿童在幼年时期就常常表现出良好的创造力，他们会用积木或手边的一切东西，在自己的床上、地板上构建自己想象中的天地。因此，鼓励学生进行创造性学习，并使他们形成创造性学习的习惯，不仅能使学生获取更多的知识和技能，挖掘其更多的潜能，而且还能使学生形成创新的意识和能力，获得更多的成功体验。

"快乐体育"主张充分发挥学生学习的主动性和创造性，给学生思考问题和独立创造留有余地。学生的学习包括三个阶段：运动的初步体验（尝试）——向新的学习目标挑战（学习）——进行创造性的学习（创新）。尝试阶段技术动作放不开，尚不敢大胆运用，当掌握基本技术动作后，学习的欲望加强。教师必须在课堂教学中充分调动学生学习的主动性，对差生循循善诱，及时解决难点，让学生经历"怕——想——乐"的过程，激发其学习的主动性。

推行"快乐体育"不仅有利于学生的健康成长，让学生开开心心上体育课，同时也能增强学生的体质，培养他们体育锻炼的意识和能力。作为一名体育教师，应认真钻研，努力培养学生的体育知识、技术、能力，增强学生体质，并对现行教材进行加工和创编，融娱乐、趣味、情感、教法、学法等为一体，使之符合学生的年龄特点，发挥素质教育应有的作用。

课堂寻绎：快乐在左，健康在右

教学内容：《力量素质练习》

教学目标：

1. 了解什么是力量素质，以及发展力量素质的意义。

2. 掌握开展力量素质练习的基本方法,能够进行简单的力量素质练习,锻炼意志品质,培养集体主义精神。

教学建模:

"创趣——导趣——授趣——享趣"教学模式旨在通过创设有乐趣的教学情景,唤起学生学习的最佳心理状态,让他们积极主动地参与教学过程,增加同伴间的互动交流,体验运动的快乐,体验合作的快乐。同时也增强了学生的体质,培养了他们体育锻炼的意识和能力。

教学过程:

一、创趣

学生在刚开始上课时情绪不高,并未投入到课堂学习中来。因此从课的开始部分利用"兔子回家游戏"为课堂创设一个有趣的教学环境,调动学生参与的积极性,让学生感受体育的快乐,并借此搭建师生、生生交流的平台。

【设计意图:少年儿童的学习态度,很大程度上受到学习兴趣的影响,只有当教学活动对他们的心理产生有效的刺激并为他们所喜爱时,才会产生一种积极地参与学习活动的内驱力,才能使潜在的力量真正投入到身心活动中来。因此就要创设一个有趣的教学情境,使学生积极投入到课堂中来。】

二、导趣

基本部分的开始阶段采用了近似游戏的比赛方式导入,让学生两人一组合作练习,一人充当另一人的教具。比如,一人趴在垫子上,另一人从其身上跳过去,跳过 20 次之后,双方交换角色。这种方法不仅能激发学生的挑战欲,而且对腿部力量的增强很有价值。学生在这种竞争的氛围中,既有极强的参与兴趣,也能充分达到锻炼的目的。

【设计意图:课堂导入,它好比一场戏剧的序幕,要一开始就引人入胜,激发学生的好奇心,使学生产生求知欲,诱发出最佳的心理状态。】

三、授趣

基本部分的中间阶段以小组为单位采用"俯卧撑小组对抗赛"、"仰卧起坐小组对抗赛"、"单双脚跳小组对抗赛"的形式,让课堂变成一个小型的运动赛事。比赛不会让学生感到枯燥,而能激发学生练习的兴趣,在快乐的学习过程中提高身体素质,让教学变得"授之有趣"。

【设计意图:义务教育阶段的课堂本应是充满趣味的,可是在应试教育中,课堂服务于应试,也就让课堂本身的趣味慢慢褪去了,所以重新拾起本属于课堂的趣味,尤其是初中阶段课堂的趣味,是我们一直以来不断探索的。采用小组比赛的方式,就是利用初中学生好胜好玩的心理,调动他们思考的积极性。有"意识"的教学设计可以让学生的思维处于教师的引导之下,张弛有度,使学生对课堂的内容产生极大的兴趣。】

四、享趣

基本部分的结束阶段根据学生不同的身体素质情况将学生分成低、中、高三组,分别进行综合素质比赛(俯卧撑 + 仰卧起坐 + 跳绳 + 过障碍),让学生分别做"小老师"、喊口令、做示范、为赢得比赛出谋划策。使学生认为"我肯定能行",敢于说"让我试一试",从而体验到成功的喜悦,在过程中享受学习的乐趣。

【设计意图:我们的目标是培养全面协调发展的学生,这就需要教师鼓励学生进行创造性学习,并使他们形成创造性学习的习惯,这样不但能使学生获取更多的知识和技能,挖掘其更多的潜能,而且还能使学生形成创新的意识和能力。在体育课堂教学中要重视学生的个体差异,根据每一个学生的能力水平,采用多种方法,找到学生的"最近发展区",让每一个学生都在原有基础上充分发展,让他们获得更多的成功体验。】

教学之道:我运动,我快乐

近几年来,随着体育分值的日益加重,人们对体育课的质量愈加关注。体育课上课的目的性更强,体育老师肩上的担子也更重,体育课已融入到"应试教育"的轨道上来。身体素质,是运动水平提高的基础。学生有了良好的身体素质,才有了提高体育成绩的资本。身体素质对学生的重要性就犹如鸟的翅膀对鸟儿起飞的重要性一样至关重要。

所以,对学生来说,素质练习是必要的,也是必须的。怎样加大课堂容量,加大素质练习强度,甚至这节素质练习课能否使学生的身体承受能力达到极限,实现超量恢复,都是素质练习中应考虑的因素。初二的学生,已经不喜欢机械重复的动作技术练习,如何增强课堂的趣味性,让学生主动参与到课堂的练习中呢?我采用了近似游戏的比赛形式,这种方法不仅能激发学生的挑战欲,而且对腿部力量的增强很有价值,学生在这种竞争的氛围中,有极强的参与兴趣,也能充分达到锻炼的目的。

另外,在教学过程中,我还适当穿插游戏活动"折回接力",以活跃体育课堂气氛。这样既让学生得到跑的练习,又培养了学生的反应能力,同时也培养了学生合作学习和集体主义的精神。从这节课的情况来看,学生基本都能在原有的基础上有所提高,因为学生比较喜欢以比赛形式出现的练习,喜欢在比赛中尽情地练习,所以在一定的范围内玩得不亦乐乎,参与面很广,在练习的同时也激发了对体育活动的兴趣。

在体育教学中不仅仅要改变学生学的观念,还要改变死板的教学流程。在教学中要大胆鼓励,积极引导,唤起学生的参与意识,促使学生投入到教学中来。本节课通过让学生做"小老师"的方式强化责任意识培养,让他们认为"我肯定能行",让他们敢于说"让我试一试",这种依据"罗森塔尔效应"的期望满足了学生的自我表现欲,唤醒了学生学习的内驱力,达到了较明显的教学效果。

总之,体育课需要我们教师付出更多的心血,想出更多的办法,让体育课在"快乐中进行"的同时完成课程目标,并使学生养成"终身体育锻炼"的良好习惯。

（张宏军）

第13章

用语言感受真善美的世界

唯美是对纯净、美好的事物展开追求和渴望的一种内心愿望，"唯美语文"是在语文教学中凭借着有情有趣的文本构建唯美的课堂。语文教师通过充分挖掘文本情愫，以情感人，通过感情朗读、语言文字训练、思维训练和言语实践，让学生感受形象美，品味语言美，唤起情趣美，塑造心灵美，最终让学生感受到唯美的情怀。

文化基因：用语言去感触唯美的梦想
课堂寻绎：品味关键字词，感悟唯美境界
教学之道：理解情感，感受唯美的情怀

文化基因：用语言去感触唯美的梦想

为人师者，站在课堂上，立在学生前，应充满激情、洋溢灵气，以自己的智慧设计去开启学生的智慧之门。语文教师更应该使蕴含在语言文字中的情感和文明因子在学生身上积淀成人格。这就需要语文老师用真善美的语言，让学生感触唯美的文字，体会到语文的魅力。

一、多一点感情朗读，感受形象美

高尚的情感可以把人引向美好的境界。"感人心者莫先乎情"，语文的审美教育从"动之以情"出发对学生进行美的熏陶，学生得到情感上的感染、情操品德上的陶冶，从而开阔其视野，启迪其智慧，唤起他们对美好事物的向往和追求。"美只能在形象中见出。"

"唯美语文"就是让学生感知美、体验美，通过加强朗读的直观性，让学生声情并茂地朗读，从中感受到形象美。学生在读中理解词句，在读中认识事物，在读中感悟语言、积累语汇、陶冶性情。

《花儿为什么这样红》这堂课，教师从"悦读"开始，强调情趣，唤起学生本真的阅读欲求。上课开始，通过课件展示了各种鲜艳美丽的花朵，学生兴趣大增，教师抓住契机，真切地问："大家知道花儿为什么这样红吗?"这一导入，使学生的需求得以解决，学生投入地、欢悦地"潜入"文本，通过与文本的多次对话，明白花儿为什么红的六点原因，从语言文字中读出情意和魅力。

林清玄，文笔流畅清新，表现了醇厚、浪漫的情感，富有哲理，在平易中有着感人的力量。他被誉为"当代散文八大家"之一，他的文章充满宁静与关爱，充满对生活的感悟，小故事中有大智慧，而他的语言却很朴素、浅显，这就像他本人说的那样，美丽的词藻是短暂的，只有思想才可以永久。

他的《百合花开》就选录于我们的课本中，里面有这样的一段话"我要开花，是因为我知道自己有美丽的花；我要开花，是为了完成作为一株花的庄严使命；我要开花，是由于自己喜欢以花来证明自己的存在。不管有没有人来欣赏，不管你们怎么看我，我都要开花！"

当分析到这里的时候，让学生去深思里面的"要"代表着百合怎样的思想感情。"要"是一种内在动机，移植到人类，就是"主观能动性"，经过老师点拨、同学讨论，最后得出人生就是应该不甘于平庸，应该活出属于自己的精彩，人生就是应该有个性。所以说，我要开花，我希望开花，我应该开花，而且我要坚定不移地去开花。平淡的语言背后，让我们看到的是一个生命对自己清醒的认识，看到的是对崇高理想的一种追求，更让我们感受到它是在向命运发出挑战，这样的一种信念是坚不可摧的。"我要开花"，平淡的四个字的背后涌动的，是一种生命的力量。

在这个基础之上，带领大家以各种形式朗读，从而让大家感受到蕴含在百合小小身躯里的强大的力量。

朗读是我国几千年来母语学习的主要方法之一。从有文字记载起，朗读就已经存在，历代名家中与朗读结下不解之缘的也不乏其人。唐朝的白居易小时候昼夜苦读，以至口舌生疮，手肘成胝。宋朝的朱熹有"凡读书要读得字字响亮，不可误一字，不可多一字，不可倒一字，不可牵强暗记，只要多诵数遍，自然上口，久远不忘"的说法。现代散文家朱自清先生一生从事教学，极力主张朗读要讲究方法，推崇姚鼐"放声疾读，久之自悟"的观点。美国前总统布什的夫人家的祖传教育秘诀竟然是家庭朗读。因此，朗读在语文阅读中占有重要位置，而我在平时的教学过程中也强调朗读，意在让学生品味语言美。

二、多一点语言文字训练，品味语言美

杨再隋教授在《呼唤语文本色》中提到，语文学科是基础工具性学科，母语是民族之魂，国家之根，智慧之泉，创新之源。从小打好学习母语的基础，对学生的终身发展至关重要。我所主张的"唯美语文"，最重要的就是要奠基固本，训练扎实，效果落实。

在分析《橘逾淮为枳》中的人物形象时，有这样的一段：晏子来了之后，楚王趁酒酣耳热之际，开始演戏，戏演完了，楚王胜券在握，所以傲慢地看着晏子，嘲讽齐国人本来就擅长偷盗，尽显得意之态。"王视晏子曰：'齐人固善盗乎？'"这里可以提问学生："视"有什么深刻的含义？

楚王"视"晏子而问，楚王这一"视"，充满着得意的神态，流露着蔑视的眼光。

面对楚王的挑衅，晏子不是勃然大怒、面红耳赤，而是"避席"对之，对楚王谦恭有礼，不失君子风度。站着回话，让坐着的楚王无形中感到了晏子的严肃态度和不卑不亢的气度。而晏子所列举的"橘生淮南则为橘，生于淮北则为枳"的比喻，向楚王说明了是因为水土不一样，确实在理。"得无楚之水土使民善盗焉？"一句反问，真是问得楚王哑口无言，按照推理，怎么不是楚国水土使民善盗呢。真是自己搬起石头砸自己的脚啊。晏子真是聪慧过人，说话句句在理，也没有得理不饶人，而是给楚王一个台阶下。这样的人，难怪楚王称他为圣人啊。

在教授《为学》这篇文章，分析两个和尚有什么不同的时候，可以带领学生一起来推敲里面的相关字词，从而达到理清全文思路、体会贫和尚精神的目的。

文中的富者过分依赖物质条件："吾数年来欲买舟而下，犹未能也"。"数年来"、"欲"表示有好几年他都在酝酿这件事情，可是都没有去做。

贫者很有信心，非常有勇气，文中说到"吾一瓶一钵足矣"，一个"足"字完全能够让学生在思考、交流的过程中体会到贫和尚的信心、勇气。

同时，指导学生合理想象穷和尚一路上会遇到哪些实际问题，比如风餐露宿、舟车

131

劳顿等,这样就可以让学生更深刻地了解到贫和尚是一个非常具有勇气,并且勇于去
实践的人。

"唯美语文"就是要在语文教学中,带领学生反复品读、琢磨关键字词,从而感知作
者蕴含在其中的感情,注重语文的感悟、积累与运用,提高学生对语言的敏感度,给学
生打下扎实的语文基础。

三、多一点言语实践,唤起情趣美

创造美,是人的本质力量的表现。艺术作品中的"空白"极易引发人的想象力,也
容易激发人追求美、创造美的热情。语文教学中合理运用"空白",进行言语实践,有利
于激发学生的求知欲,发展学生的想象力,让学生带着审美情感进行想象,并通过想象
力的培养来塑造学生美的心灵。

"唯美语文"的情趣,旨在营造一种宽松自由的课堂气氛,为学生的学习提供一个
良好的软环境,让学生的人性尽情释放、洒脱驰骋,让学生在有情趣的课堂中体验美,
提高自身的语文素养。语文教育是审美的、诗意的、充满情趣的。

《散步》的第四段描写了新绿、嫩芽、咕咕的冬水,写出了春的气息。在这样的气息
中,使人感觉到生命的存在、生命的召唤。正是因为感受到冬去春来、气候转暖、生机
萌动,全家人才一起出来散步。这是对全文的铺垫,另一方面也使文章的感情基调由
深沉变得欢愉起来。

接着,教师带领学生分析文章第三段,文中写的是"有一些老人挺不住",老师提
问:潜台词是什么? 是死神。死神的背影是让人望而生畏的,当它悄然而至的时候,
气氛压抑、令人窒息,这时文章的感情基调变得深沉。很显然不能让阴云笼罩着我们
散步时头顶上的星空,作者接下来的几句轻描淡写充满了浓郁的诗情画意,为散步提
供了一个美妙的背景,也再次让文章的感情基调由深沉变得欢愉起来。

除了推敲词语,推敲句子也可以让学生对文章有更深刻的了解,《马来的雨》一文

中就不乏含义深刻、令人咀嚼回味的句子，比如"同样的雨，落在不同的土地上，会绽出不同的水花的。"综观全文，如何理解这句话？可以理解为雨是一种载体，一种中介，只有当它与最具马来特色的自然景观、社会风貌结合在一起时，才能显出马来最吸引人的力量和最迷人的风土人情。或者说，如果这同样的雨落在江南的土地上，带来的是缠绵，是温柔，是委婉，是饱含了江南水乡的魅力与风情的话语，如果落在马来的土地上，呈现出的就应该是蕴涵马来特色的魅力与风情。

有时候标点符号同样能够唤起学生的情趣美。如《秋天的怀念》中，当母亲想让儿子一起去赏花的时候，说了这样一句话："你要是愿意，就明天？"后面为什么用问号，不用句号？通过还原阅读，将语言文字进行了还原，并让学生想象它所描写的母亲的小心翼翼，深切地体会母亲无处不在的爱。在文章中通过补白阅读，由一个问号引导学生展开合理的想象，然后再通过换位阅读，让学生把自己假设为"母亲"这一角色，站在"母亲"的角度去审视、揣摩这句话的语气。这样的话，学生就自然而然地推导出这是商量的语气，是平等地对待儿子、尊重儿子的表现，因为那个时候母亲生怕一句话说不好，就引起"我"的生气愤怒，所以处处小心，学生从而体会到那份深沉的母爱。

作为一名语文教师，我们必须担负起文本阅读的引领责任。因此，在读通、读懂文本后，我们一定还要查阅一些有关文本的资料，把文本读"厚"。值得注意的是，这儿的"厚"不是外在知识的叠加，而是语文内涵的"丰厚"，其本质是源于教师对文本解读的细致和细腻，源于教师的言语感觉、言语智慧、言语悟性和言语灵性，源于教师能够将自身对言语"悟读"的生命力和幸福感传递给学生，使学生在教师的引领下，除了看到文本表面的风景外，更能看到文本背后的绚丽，那么，我觉得作为一个语文老师的幸福感也就油然而生了。

课堂寻绎：品味关键字词，感悟唯美境界

教学内容：《口哨》

教学目标：

学习品读文章语言，理解、体会作者从少年到中年的情感变化。

教学建模：

"唯美语文"是在语文教学中，凭借着有情有趣的文本，构建唯美的课堂。语文教师通过充分挖掘文本情愫，以情感人，通过感情朗读、语言文字训练、思维训练和言语实践，让学生感受形象美，品味语言美，唤起情趣美，塑造心灵美，最终让学生感受到唯美的情怀。可以采用"感受形象美——品味语言美——唤起情趣美"的教学模式去实现我的教学主张。

教学过程：

一、感受形象美

从文章结尾"我很想吹口哨，吹那支悠长缥缈的歌……"这句话，通过体会里面的复杂感情来理解作者的情感变化。

（出示 PPT：口哨）

【设计意图：《口哨》一文是一篇抒情性散文。文章以"吹口哨"为线索，具体写了一个瘫痪在床的小女孩在身体疼痛、心情孤独之时恳求妈妈教自己吹口哨，她将自己与厄运的抗争、对未来的追求以及积郁心底的痛苦、孤独都融入口哨之中，吹口哨让她找到了快乐，找到了自信，学会了以积极乐观的态度面对一切困难、挫折。全文流露出张海迪对美好生活的热爱、向往，谱写了一曲挑战痛苦、寻找快乐、顽强不屈的生命的赞歌。从同学们不容易理解的结尾入手，以情感人，开始学习《口哨》。】

二、品味语言美

（一）没有人生来就会吹口哨，那么吹口哨之前的"我"是一个怎样的"我"？你是通过哪些语言感受到的？

（出示 PPT：吹口哨之前的"我"是一个怎样的"我"？你是通过哪些语言感受到的？）

明确：

预设分析以下句子：

那时我整天躺在病床上，我的脊背上重叠着很长的刀口，我的腿不能动，我的胳膊不敢动，我的脖子更动不得，假如我不小心活动一下，就会引起脊背伤口的剧痛。

我的腿不能动，我的胳膊不敢动，我的脖子更动不得。

我终日孤独地躺着。

我不知道还有什么比躺在这种疼痛里更难过的事了。我不知道我要躺多久，我不知道我的快乐是什么。

我只有几本翻烂了的小人书，一盒旧积木，还有一个傻乎乎的布娃娃。

"我"是一个整天躺在病床上，非常痛苦、孤独的人。

学会吹口哨的"我"有着怎样的变化呢？

（出示 PPT：吹口哨之前的"我"是一个怎样的"我"？你是通过哪些语言感受到的？学会吹口哨的"我"有着怎样的变化呢？你是通过哪些语言感受到的？）

明确：

预设分析以下句子：

于是孤独中的我找到了快乐。

我的口哨带着弧线从这边飘向那边。

村里男孩子听见我吹口哨，很惊奇地瞪大了眼睛。我又用欢快的口哨呼唤大白狗，它一听见我的口哨就会像一匹小白马，从村里热情万丈地飞跑到我身边。看着大白狗在我身旁亲热地摇头摆尾，孩子们脸上露出油然钦佩的神情。

在我的口哨声里,窗外小树的叶子绿了,又黄了。在我的口哨声中,树叶飘落了,窗外的白雪盖满了大地。

最后明确,学会吹口哨后,"我"找到了快乐,找到了自信。

【设计意图:这两个问题可以串联起这篇文章的前半部分,并且通过朗读,引导学生走进文本,全身心沉浸文本,从文字中去体会作者隐藏其后的感情,引导学生感受蕴含在其中的形象美,逐步去理解作者的写作意图。因为学生比较容易懂,所以可以比较快速地学习这一部分。】

(二)再品词句,推敲蕴含的深意

"无论什么歌,用口哨一吹便牵出一缕淡淡的忧伤和怅惘。"和"于是孤独中的我找到了快乐。"矛盾吗?为什么?

(出示PPT:"无论什么歌,用口哨一吹便牵出一缕淡淡的忧伤和怅惘。"和"于是孤独中的我找到了快乐。"矛盾吗?为什么?)

明确:

预设分析以下这些句子:

"满怀的知心话儿没法讲出来",你觉得是什么没有说出来呢?是怎样的知心话儿呀?

口哨与唱歌不同,无论什么歌,用口哨一吹便牵出一缕淡淡的忧伤和怅惘。

木轮椅碾过乡村土地的坎坷和泥泞,我告别了少女时代。

忽然,我很想吹一首歌,吹一首随着轻风飘远的歌。

以前觉得吹吹口哨,病就可以好,好像就可以找到快乐、自信,其实随着年龄增长渐渐地知道,这是做不到的,所以她很感慨,当再一次躺在病床上的时候,她有着更多的忧伤和怅惘。三十多年过去了,"忽然,我很想吹一首歌,吹一首随着轻风飘远的歌。"这里的歌就是一首要和病痛作斗争的歌曲,尽管"我"的生活有很多病痛,有挫折,有坎坷,但是"我"还是要吹着口哨继续着"我"的生活,勇敢地生活下去。

这样我们就能够理解第11小节表达的感情,也能够明白这两句话是不矛盾的了。

【设计意图：这是学生很难理解，也很难分析的一个问题，同时也容易被学生忽略，所以老师把这个矛盾冲突的点在这里提出来，带领学生反复品读琢磨关键字词，从而感知作者蕴含在其中的感情。注重语文的感悟、积累与运用，提高学生对语言的敏感度，给学生打下扎实的语文基础。】

三、唤起情趣美

我们再回到开头上课时老师提出的问题，现在能够理解这个结尾里包含着怎样的复杂的感情了吗？

明确：

"我"深深地感受到，里面有快乐，因为在以前的岁月里带给我快乐，带给我希望；这里面有无奈，因为疼痛是不会减轻的，我再怎么坚强、勇敢，身上的剧痛还是会存在的，说不定还会越来越厉害；还有就是"我"也知道了口哨不能解决所有的问题，"我"不能像正常人一样生活，这里还有忧伤和怅惘、失落、无可奈何的感觉，但是不管怎样，生活还是要继续，还是要坚强地走完自己的人生之路。

其实，在我们每个人的成长过程中，都会遇到这样或那样的挫折，但是我们可以像张海迪一样，找到属于我们自己的"口哨"，勇于面对困境，就像张海迪所说的那样，在困境里，要树立信心，相信一切都会过去，还要自我鼓励，以乐观的心态战胜困难。即使跌倒一百次，也要一百零一次地站起来。

老师相信，只要有这样的人生信念，我们就会像张海迪一样谱写一首坚强的人生之歌。

【设计意图：回归到课堂开头的思考题中去，让学生在学习之后对文章有一个完整的认识，清楚地知道身体的痛苦并没有随着年龄而增长，也没有随着学会吹口哨而有任何的消减，能够改变的只是自己的心境，但是不管怎么改变，这都是一个坚强的"我"。通过这个过程，品味语言美，唤起情趣美，塑造心灵美，最终让学生感受到唯美的情怀。】

教学之道：理解情感，感受唯美的情怀

我的"唯美语文"教学主张在我的课堂实践中得到了充分的显现，在这里加以总结，以期有更好的进步。

一、加强朗读，增强学生对关键字词的熟练度

六年级，刚从小学升到初中，他们身上或多或少地还保存着小学的一些良好习惯，但喜欢朗读这点在这堂课上没有很好地显示出来。朗读是存在的，本来设计的是全班朗读和小组朗读，后来想到这篇文章更加侧重于学生心理的感受，所以就改为学生自己朗读，因此，课堂教学效果有些不如人意。还有一些学生不大容易理解的句子，在以后也要加强朗读，通过朗读悟出其中的深意，并能够进一步地感受到唯美的情怀。

二、细心推敲，强化学生对关键字词的敏感度

在品味语言这个环节，可以让学生提高对关键字词的敏感度，一是可以多品味文中前后对照的句子，比如"于是孤独中的我找到了快乐"和"无论什么歌，用口哨一吹便牵出一缕淡淡的忧伤和怅惘"。二是可以品味文中一些意味深长的句子，比如"木轮椅碾过乡村土路的坎坷和泥泞，我告别了少女时代"、"不知不觉已经三十多年过去了，这是多么漫长的一支歌啊"等等。在今后的教学中要注意到文章细节的方方面面，当然也要与学生的实际以及课堂教学的需要相结合。

三、联系实际，提高学生对关键字词的关注度

这里的联系实际指的是联系学生的实际认知水平，比如唤起情趣美这一环节，根据前面的分析总结，介绍张海迪的人生经历。告诉学生在我们每个人的成长过程中，都会遇到这样或那样的挫折，但是我们可以像张海迪一样，找到属于我们自己的"口哨"，勇于面对困境，就像张海迪所说的那样，在困境里，要树立信心，相信一切都会过去，还要自我鼓励，以乐观的心态战胜困难，即使跌倒一百次，也要一百零一次地站起来。这样可以使学生对整篇文章的理解有思想上的提升，更能感受到唯美的情怀。

当然，这节课也有许多值得改进的地方，在解析某些词句的时候，可以先从字典的本义入手，然后再结合文本感受其中表述的情感，这样就可以步步深入，让学生从根本上理解词句的含义。比如，在解析"我很想吹口哨，吹那支悠长缥缈的歌"时，可以先从解释"缥缈"的含义着手，解释为"隐隐约约，若有若无的样子，形容空虚渺茫，指心中想要而现实中不可得的东西，并非指虚无不存在的东西"，再一步步地让学生感知这里表达了张海迪对未来生活不确定的一种失落、无奈、忧伤、怅惘的复杂情感，从而更好地感受到唯美的情怀。

（孟显霞）

第 14 章

让孩子们沉浸在浓浓的学习氛围中

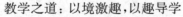

　　课堂的"趣"是一种外在的表现，它表现在教师根据教学内容选择新颖有趣的教学方法，通过生动有趣的语言，努力让学生沉浸在浓浓的学习氛围中。课堂的"味"是一种内在的气质，它是教师在课堂中让孩子们领悟知识、给学生带来心灵的丰富和精神的振奋的过程。"趣"、"味"的合体，便是"趣味英语"的核心涵义了！

文化基因：让课堂教学充满趣味

课堂寻绎：故事教学让英语学习更有趣

教学之道：以境激趣，以趣导学

文化基因：让课堂教学充满趣味

趣味教学法是教师通过各种教学途径、方式、手段将知识趣味化,让学生从中获得有趣的情感体验,扫除学生学习英语的心理障碍,使他们感到学习英语不是一种负担,而是一种乐趣,把"苦学"变成"乐学",变枯燥乏味为生动活泼的一种教学方法。

一、巧用多媒体,点燃学生兴趣

多媒体技术是一种把声音、文本、图形和图像等多种媒体与计算机结合在一起的技术,运用多媒体技术辅助英语教学,可以创设一个优良的情景,开阔学生的视野,使抽象的知识具体化、实物化,它能全方位调动学生的视觉、听觉、触觉,使学生的认知渠道多元化,使课堂教学生动化。这种教学模式对提高英语课教学质量来说是一种非常好的办法。

教师可以根据条件放出一些图片、音乐、文本,让小学生开放大脑,发挥想象,通过置身其间,来对所学内容进行理解,从而激发他们的学习热情,培养他们的学习兴趣。

比如我在教授 3B M3U3"Seasons"这课时,要教授四个季节的特点及活动情景。于是我设计了多媒体动画课件,画面中栩栩如生地展现了各个季节的特点,春天鸟语花香,学生们有的在种树,有的在野餐。学生看着这些动画,很容易地就了解了这个季节的特点和相关活动。然后再让学生根据关键词,用英语来描述图片,学生在图和文字的引导下,很快地就学会了用英语来描述春天的天气和人们的活动,这样学习效率就大大提高了,学生们也容易记住。

因此,"多媒体教学"在培养学生情感、发展想象、启迪思维、开发智力等方面都有着独到之处,它能够调动学生的感官,寓教于乐,更能点燃学生的学习兴趣,让学生爱上英语。

二、寓教于乐,让课堂充满趣味

传统的课堂教学往往注意课堂纪律,学生总是静静地坐在座位上听讲,这样很容易失去学习兴趣,所以教师应根据小学生好动、好玩的特点,多开展一些活动和游戏,游戏能给他们的学习带来快乐,也使枯燥机械的操练变得趣味无穷。

例如,在教了数字1—12后,我就让学生进行小组报数,这样学生在完成任务的同时,不知不觉就进行了数字的复习,我还利用学生学过的数字给他们出了几道简单的加减法计算,这样学生的兴趣大增,也很好地进行了学科之间的整合。又如,我在教学"Body"这一节课时,先让孩子们一起来做"Touch"游戏,我发出指令,学生边做边指出身体的各个部位,边用英语重复,学生熟练后,再教学生唱身体歌,边唱边做动作,这样学生在游戏和歌唱中不仅复习了单词,而且他们也不会觉得枯燥,同时也起到了提高学生英文口语能力的作用。

在学习中,每个人都有不同的表现欲,小学生更爱表现自己,老师就应因势利导,多给学生创造展示自己的机会,让他们大方地去说、去唱、去演。结合小学英语教学,教师可以运用各种教学手段和教学方法,根据学生的心理特征开展积极有趣的课堂活动,从而提高课堂效率,使学生充分享受到学习英语的乐趣。

三、情景教学,再现趣味

英语教学提倡"学中用,用中学,学用结合,学以致用"。在小学英语教学中,创设情景让学生感知语言、在真实情景中运用语言,会有意想不到的收获。

例如在教授3A M4U2"On the farm"第一课"Farm animals"这一节课时,我根据学

生喜欢看的《达人秀》这一节目,设计了一个动物能力秀的表演,同时还模仿《达人秀》这一节目,"请"到了主持人程雷。学生们通过观看动物能力秀的表演,不知不觉地已经学会了各个动物的名称、颜色、叫声以及它们的能力。这个情景的设计巧妙又贴合实际,学生很快就进入到了动物能力秀现场,学习英语单词和句子就变得不再那么困难和枯燥无味了。

教师还可以用实物创设情景,比如在教授 3B M1U3"Tasting and smelling"第三课"At the fruit shop"这节课时,我把教室的一角装扮成一个水果店,还请学生带来了各种各样的水果,这样的场景把学生一下子带到了水果店,那么就顺理成章地引出了接下来的对话,让学生的角色一下子转变了过来,从而更好地达到了语用输出的目的。

教育家认为:"成功的外语课堂教学应深入创造更多的情景,让学生有机会运用自己学到的语言材料。"英语的交际性决定了英语教学中必须更多地给学生提供接触英语和运用英语进行语言实践的机会,真正达到学以致用的目的。创设英语情景使"死知识"变成"活语言",满足了学生的心理要求,使学生学习充满激情,极大地提高了学习效率。

四、结合课外活动,趣味无穷

以学生为中心的教学模式改变了以往老师讲、学生做笔记和机械训练的形式,一堂课的内容要让学生学得活、记得牢,还需教师根据教材进行设计,对学生进行研究。课内外相结合使英语语言渗透到了学生的日常生活中,针对不同层次、不同爱好的同学设置不同类型的活动,提高了学生的学习兴趣。

课堂上,我经常组织学生们喜欢的课堂活动,如让学生每天利用课前一两分钟的时间读英语经典故事、唱歌、诗歌朗诵等,最大限度地提高了学生们学习的积极性。

课后,我还会利用一些西方重要的节日来布置一些课外的作业,让学生在活动中拓展英语学习。如圣诞节到了,我布置学生查找有关圣诞节的资料,要求所有的内容必须用英文写。学生们从画报、画册、报纸上剪贴图片,从网上下载各种有趣的传说。然后,我们将所有的材料都在墙报上展示出来,精美别致、图文并茂的墙报既培养了学生从多渠道获取信息的能力,又能让这些资料发挥共享效应,还能装扮教室,烘托节日气氛,为学生们营造出浓浓的英语学习氛围。

课内外活动的结合使学生的学习平台得到延伸,知识得到扩展,能力得到提高,学习英语的兴趣进一步激发。

总之,在小学英语教学中,教师应运用各种教学手段和形式多样的教学方法,构建宽松活跃的课堂气氛,调动学生的学习积极性,让学生在了解、体会、领悟与运用知识的过程中充分享受到学习英语的乐趣。

课堂寻绎:故事教学让英语学习更有趣

教学内容:A thirsty crow

教学目标:

1. 学习单词:crow,idea,pebbles 句型:What's in/on . . . There is/are . . .

2. 了解一些常用表达,如:Good ideas. Thank you.

3. 通过让学生听故事、小组改编故事,提高学生的听说和团队合作的能力,让学生明白遇到问题要积极动脑。

教学建模:

英语故事教学的趣味性指教师根据故事内容选择新颖有趣的教学方法和手段,用生动有趣的语言,构建宽松、活跃的课堂气氛,使学生的注意力集中到故事中,集中到课堂上,让学生在读读、想想、演演中,体会到学习英语的乐趣。"入境激趣——故事引趣——表演活趣——拓展生趣"是这节课的教学模式。

教学过程：

一、入境激趣

1. Say a chant with the teacher.

2. Use a puppet to elicit the character "Mr Crow".

【设计意图：课的一开始让学生跟着老师说说唱唱，可以充分调动学生的学习兴趣，让学生很快地进入到英语学习的课堂。用一个乌鸦手偶引出故事中的主人公 Mr Crow，激发学生的学习兴趣。】

二、故事引趣

1. Listen to the whole story.

2. Let students introduce the crow.

3. Ask and answer the questions.

（1）How is the weather today?

（2）How is the crow?

4. Let the students act the crow to introduce himself and think about what does the crow want?

【设计意图：让学生听整个故事了解故事大概，通过扮演乌鸦来说一说自己很渴。那到底它需要什么呢？让学生各自说一说，给他们创设思考的空间，通过得到不同的答案，开发他们的思维，激发他们学习和探索的兴趣。】

三、表演活趣

1. Say a chant.

2. Elicit the word：bottle.

3. Learn the sentences "What's in the bottle? There is/are . . . "

4. Ask and answer with some material objects to consolidate this sentence pattern.

5. Know the bottle is long and thin.

6. Learn the word：idea.

7. Students discuss：what can the crow do to drink the water?

8. Know actually what does the crow do.

9. Listen to the whole story.

10. Let students act the story.

【设计意图：让学生想一想，乌鸦可以用什么办法来喝到水呢？要让学生联系生活实际想出各种可以帮助乌鸦喝水的办法，而不拘泥于书上的那种方法，通过让学生听整个故事然后表演这个故事，使学生在表演过程中活跃自己的语言。】

四、拓展生趣

Show the part of the story and let the students adapt the story.

【设计意图：让学生改编故事的一部分，既降低了难度，又可以拓展他们的视野，同时也进一步增强了故事的趣味性。】

教学之道：以境激趣，以趣导学

在这节课中，我采取了一系列教学手段来帮助学生在有趣的课堂环境中进行有效学习，以趣味性教学来帮助学生获取知识、掌握知识和巩固知识。

一、教材的再构

本课时主要教授 M1U3"A thirsty crow"，课文是以第一人称乌鸦的心理活动来呈现的，故事文本的内容略显单薄，过渡不自然，故事情节缺乏整体连贯性，主线不够清晰，学生读起来没有语境而言，所以这节课我主要以教材为基础，紧扣单元主题，在不改变原有文本内容的基础上，每幅图片上适度增加旁白文本。旁白设计激发了学生语言学习的兴趣,使学生更加关注故事情节的发展,并体验到乌鸦情绪变化的过程。整合的文本丰满了故事的内容,犹如一条线索,推动着故事情节的发展,与原文本巧妙地构成了一个连贯完整的故事文本,让学生从这个完整的故事中去学习、去领悟,更激发了他们学习的欲望。

二、角色的扮演

小学阶段的孩子正处于模仿力强、好奇、好动、好表现的年龄,同时他们的注意力却无法长时间集中,直观思维强于抽象思维。鉴于小学生的这些年龄特点,轻松愉快、生动活泼的课堂气氛,平等和谐的师生关系对于提高课堂教学效果极其重要。在这堂课中,我尽量给学生表演的机会,先让学生扮演乌鸦进行自我介绍,然后再加入旁白,通过让一部分学生扮演乌鸦、一部分学生本色出演、还有一部分学生当旁白,充分利用辅助教具,运用体态、手势语言将教材内容进行示范表演,使这节课达到了形象化的效果。

在英语课堂中为学生合理地安排角色扮演任务,能够使学生对英语学习更加感兴趣,知识的获得也会在开心和愉悦中进行。

三、说唱的表演

小学生十分喜欢歌谣,把富有节奏感、韵律美和文化气息的英语歌谣运用到教学中去,培养了学生的学习兴趣和学习积极性,增强了他们的自信心,通过英语歌谣的创编,满足了儿童的求知欲和成就感,提升了语言的学习。

在这堂课中,我加入了很多 Chant(说唱的形式),让学生在节奏中读一读,通过说唱的方式,达到培养兴趣、形成语感和提高交流能力的目的。比如课的一开始我就以一个 Chant 作导入,节奏感强,一开始就抓住了学生的学习兴趣,在课的中间部分,我又用一个 Chant 进行过渡,大大提高了学生学习的积极性,学生开始为乌鸦怎样才能喝到水出谋划策,最后我用一个 Chant 对故事进行收尾,让学生在说说唱唱中理解整个故事。

这种说唱的方式不仅活跃了课堂氛围,还提高了学生的注意力,增加了学生的印象,提高了学生的兴趣。

四、故事的创编

运用创编英语故事的教学方法教授英语知识,激发了学生的思考意识和学习兴趣,培养了学生丰富的想象力,对提高教学效率具有重要的意义。在这节课的最后,我让学生在这个故事的基础上改编乌鸦喝水的环节,创造一个新的故事,并培养学生遇到困难不放弃、自主积极地去寻找解决方法的习惯。通过这个故事的创编,学生不仅了解了原来的故事,而且还会根据前面的故事情节进行合理的想象,在已学的知识上进行巩固和拓展,更激发了他们的学习兴趣。

总之,坚持"以情激趣,以趣导学",能大大调动学生学习英语的积极性,使学生由"苦学"变为"乐学",由"要我学"变成"我要学"。学生学习英语不再是一种负担,而是一种需求,是一个获取知识、开拓眼界、提高能力的愉悦的过程,而这正是我们英语教育工作者所追求的最和谐的教学境界。

（陈　燕）

后 记

在半个世纪前,教育家苏霍姆林斯基向校长们建议:"如果你想使教育工作给教师带来欢乐,使每天的上课不致变成单调乏味的苦差,那就请你把每个教师引上进行研究的幸福之路吧。"为了点燃教师的科研热情,让教育科研不再远离教师的教学实践,2013年学校申报了区重点课题《"责任教育"的精细设计与深度推进的实践研究》。在这三年当中,先后有三批教师参与了本课题的子项目"说出我的教学主张"的研究。本书是该项目的研究成果之一,呈现的是我校教师在教师专业发展中的一些实践与体会,是一群先行者的课堂教学改革的探索。我们希望借此与大家交流。

本书是全体教师智慧的结晶,其中第一章由归文菁负责,第二章由唐蓁蓁负责,第三章由王静负责,第四章由章亮琼负责,第五章由杜丹负责,第六章由戴维负责,第七章由徐金负责,第八章由张雁茹负责,第九章由王剑负责,第十章由贾小娟负责,第十一章由杨芸负责,第十二章由张宏军负责,第十三章由孟显霞负责,第十四章由陈燕负责。全书由钟雨江副校长和归文菁统稿。

三年的课题研究,让我们对"负责任的教育"有了更深刻的理解。之所以选择"责任教育"作为学校的教育哲学,是因为我们坚信,责任是每一个人与生俱来的使命;责任是成功的基石,放弃了责任,就放弃了成功;责任是最基本的职业素质,是最核心的专业精神;负责任的国家需要负责任的教育,要办好负责任的教育,必须依靠负责任的学校,要培养负责任的学生,最终必须依靠负责任的校长和负责任的教师。我们认为,对学生负责就是对未来负责,对学校负责就是对自己负责。

特别感谢上海市教育科学研究院的杨四耕老师,正是在他的悉心指导下,老师们学会了"做有用的教育科研"。同时,在"提炼教学主张"的过程中,每一位教师都进行了大量的文献学习,对那些知名或不知名的作者,我们表示真诚的感谢!

最后我想说,研究不是少数人的"专利",并不都是"高深莫测"的。其实,每位教师在教学过程中都在思考,都在研究。只要你有心,只要你愿意,每一位教师都可成为自己的研究者。我相信,在这个课题之后,会有更多的教师加入到研究者的行列当中。

我期待着这一刻的到来!

睦定忠
2016 年 4 月 6 日于上海市沙田学校

图书在版编目(CIP)数据

寻找课堂教学的文化基因/眭定忠主编. —上海：华东师
范大学出版社,2016.4
（课堂教学转型丛书）
ISBN 978－7－5675－5005－6

Ⅰ.①寻…　Ⅱ.①眭…　Ⅲ.①课堂教学－教学研究－中
小学　Ⅳ.①G632.421

中国版本图书馆 CIP 数据核字(2016)第 069763 号

课堂教学转型丛书
寻找课堂教学的文化基因

丛书主编　杨四耕
主　　编　眭定忠
责任编辑　刘　佳
特约审读　黄　山
责任校对　张多多
装帧设计　卢晓红

出版发行　华东师范大学出版社
社　　址　上海市中山北路 3663 号　邮编 200062
网　　址　www.ecnupress.com.cn
电　　话　021－60821666　行政传真 021－62572105
客服电话　021－62865537　门市(邮购)电话 021－62869887
地　　址　上海市中山北路 3663 号华东师范大学校内先锋路口
网　　店　http://hdsdcbs.tmall.com

印 刷 者　常熟高专印刷有限公司
开　　本　787×1092　16 开
印　　张　10.75
字　　数　148 千字
版　　次　2016 年 6 月第 1 版
印　　次　2018 年 12 月第 2 次
书　　号　ISBN 978－7－5675－5005－6/G·9313
定　　价　32.00 元

出 版 人　王　焰

（如发现本版图书有印订质量问题,请寄回本社客服中心调换或电话 021－62865537 联系）